CONFERÊNCIAS
latino-americanas

VOLUME I

LUIS IZCOVICH

Copyright © 2024 Aller Editora

Publicado com a devida autorização e com todos os direitos, para a publicação em português, reservados à Aller Editora.

É expressamente proibida qualquer utilização ou reprodução do conteúdo desta obra, total ou parcial, seja por meios impressos, eletrônicos ou audiovisuais, sem o consentimento expresso e documentado da Aller Editora.

Editora	Fernanda Zacharewicz
Conselho editorial	Andréa Brunetto • *Escola de Psicanálise dos Fóruns do Campo Lacaniano* Beatriz Santos • *Université Paris Diderot — Paris 7* Jean-Michel Vives • *Université Côte d'Azur* Lia Carneiro Silveira • *Escola de Psicanálise dos Fóruns do Campo Lacaniano* Luis Izcovich • *Escola de Psicanálise dos Fóruns do Campo Lacaniano*
Revisão	Fernanda Zacharewicz
Diagramação	Sonia Peticov
Capa	Wellinton Lenzi

Primeira edição: novembro de 2024

Dados Internacionais de Catalogação na Publicação (CIP)
Ficha catalográfica elaborada por Angélica Ilacqua CRB-8/7057

I97c   Izcovich, Luis

       Conferências latino-americanas : volume 1 / Luis Izcovich, tradução: William Zeytounlian. -- São Paulo : Aller, 2024.
       112 p.

   ISBN 978-65-87399-69-0
   ISBN 978-65-87399-70-6 (livro digital)

   1. Psicanálise 2. Lacan, Jacques, 1901-1981 I. Título

24-5236
                                                      CDD: 150.195
                                                      CDU 159.964.2

Índice para catálogo sistemático
1. Psicanálise

Publicado com a devida autorização e com todos os direitos reservados por

ALLER EDITORA
Rua Havaí, 499
CEP 01259-000 • São Paulo — SP
Tel: (11) 93015-0106
contato@allereditora.com.br

 Aller Editora • allereditora

SUMÁRIO

O QUE ATA OS CORPOS?   **4**

AFETOS ENIGMÁTICOS E FIM DE ANÁLISE   **22**

ESCREVER O INDIZÍVEL   **42**

O ANALISTA E A SUBJETIVIDADE DE SUA ÉPOCA   **66**

A ANGÚSTIA   **94**

O QUE ATA OS CORPOS?[1]

---

[1] Conferência proferida no Foro Analítico del Río de la Plata, em Buenos Aires, no dia 28 de abril de 2002. Tradução de William Zeytounlian.

A REFERÊNCIA AO CORPO suspenso atravessa todas as análises. Trata-se do corpo sem ancoragem do analisando, seja porque o corpo está suspenso ao encontro com outro corpo, seja porque o sujeito acredita sustentar-se na autossuficiência do próprio corpo, evitando todo encontro com o corpo do outro. O corpo, ademais, pode tomar outras formas que não a suspensão, uma vez que há também os corpos errantes, à deriva, que não fixam nada, cujo modelo paradigmático é a esquizofrenia.

Lacan elabora uma concepção do que une os corpos entre si. Isso é o que justifica meu título, *O que ata os corpos?*. A resposta tem um nível mais imediato. O que ata é o imaginário. Contudo, Lacan usa outro termo em relação ao efeito imaginário sobre os corpos. É o termo "captação", que remete à fascinação que exerce um objeto; aplicado ao corpo, dá no corpo objeto. Entretanto, existe uma diferença entre ser captado e ser atado. A diferença se traduz em um efeito temporal.

Quanto tempo dura a fascinação por um corpo reduzido ao estatuto de objeto? Pensemos no amor à primeira vista. Há um efeito de captação de um corpo pelo outro. É uma forma de hipnose. Uma pesquisa poderia ser feita: quantos casais tomados pelo amor à primeira vista resistem à usura do tempo? É aí que são demonstrados os limites do imaginário.

Ser atado está em outro registro. Daí Lacan sustentar que aquilo que ata os corpos é um discurso. Isso tem consequências fundamentais para a análise.

Começo com uma tradução clínica dessa concepção. É que ela repercute na teoria da esquizofrenia. Se insisto na esquizofrenia é porque ela põe em relevo um corpo impermeável ao discurso. É o polo oposto do que se entende por "como os corpos se atam". Se tem alguém que é inatável, é o esquizofrênico. Lacan indica isso com algumas poucas definições que dá sobre a esquizofrenia, quando afirma que a esquizofrenia se caracteriza por não habitar nenhum discurso estabelecido. O sujeito inatável é o paradigma do sujeito livre.

Pois o corpo precisa de um suporte para continuar atado. É o que se deduz também com o que Lacan avança em relação a Joyce, demonstrando — se a tradução é boa — um corpo pronto para sair ou largar-se[2]. A ideia que Lacan introduz é: "L'Ego, comme instrument pour faire tenir l'ensemble" ["O Ego como instrumento para manter junto o conjunto"]. O que põe em evidência uma dupla questão, que é a do que ata os corpos entre si e daquilo que faz suporte de um corpo, sem o qual o corpo parte. É o que leva Lacan a se interrogar com a clínica borromeana, a formular o que se ata com o nó permitindo assim uma consistência suplementar.

---

[2] Nota do tradutor: Izcovich parece fazer referência ao trecho que, na tradução brasileira, consta como "Em Joyce, só há alguma coisa que exige apenas sair, ser largada como uma casca". LACAN, Jacques. (1975-1976) *O Seminário, livro 23: O sinthoma*. Trad. Sérgio Laia. Rio de Janeiro: Jorge Zahar Ed., 2007, p. 146.

A ideia é que o corpo se larga, se vai a todo instante, uma vez que sua única consistência é a consistência mental. É a razão pela qual Lacan conecta a palavra e o corpo, e funda a ideia do corpo deportado, que se deduz a partir do corpo falante.

Lacan, em suas últimas propostas, indica que o corpo é um corpo falante. Essa é a condição que permite dizer que o corpo está deportado. Ao mesmo tempo, sustenta que o corpo não é o que se é, mas o que se tem.

Estas últimas noções têm apoio num desenvolvimento prévio que se encontra, por exemplo, no seminário 11, quando Lacan diferencia entre os corpos que se emparelham, se acasalam, fazendo um jogo entre *s'appareiller* (aparelhar-se, fazer-se um aparato) e *s'apparier* (emparelhar-se, formar par)[3].

O aparatar-se remete ao equipar-se, que é possível a partir da pulsão. Aqui, aparece uma diferença clara entre linguagem e discurso. O que é útil para pensar a esquizofrenia, pois o esquizofrênico dispõe da linguagem, mesmo podendo ser uma linguagem especial, mas fica fora do discurso com um efeito maior, o corpo fica à deriva, é um corpo que faz objeção a qualquer forma de alienação.

O que demonstra que um puro real, como na esquizofrenia, não se ata facilmente, dificuldade de atar o corpo da qual temos notícias na análise.

---

[3] LACAN, Jacques.(1964) *O Seminário, livro 11: Os quatro conceitos fundamentais da psicanálise*. Trad. M.D. Magno. Rio de Janeiro: Jorge Zahar Ed., 1988, p. 168.

O real não se deixa atar e não busca fazer-se atar. Além disso, se o imaginário captura de modo efêmero, de que modo os discursos podem induzir uma permanência no encontro entre os corpos?

O problema é de uma atualidade candente, uma vez que o discurso capitalista, prevalente em nosso contexto atual, promove a fascinação imaginária e o gozo imediato, fazendo curto-circuito com toda forma discursiva que apresente obstáculo ao consumo. O liberalismo nos comportamentos se acentua, o corpo é tratado como objeto. É daí que se impõe a pergunta da psicanálise em nosso século. O que faz com que um corpo se ate a outro e não fique flutuando em permanências e substituições infinitas, das quais decorre a banalização dos encontros que se prolongam até o desencanto, deixando, ao final, o sujeito moderno na maior solidão, preso aos aplicativos de encontros? Essa não é uma questão de idade.

O sujeito moderno entendeu que, se o corpo goza, é porque o gozo é autista. O gozo do próprio corpo não é somente individual, pois está unido a fantasmas. São esses fantasmas que captaram os meios de comunicação, produzindo uma coletivização de consumidores de um modo impressionante, a ponto de criar *standards* de gozo. Criam-se *standards* de gozo a partir da sistematização do fantasma, produzindo uma regulação coletiva do gozo.

Há um modo de atar os corpos por parte da civilização, por parte de uma regulação, um intento de regulação dos gozos. Do lado oposto, há a radicalização do gozo que

O QUE ATA OS CORPOS?

aponta para um gozo ilimitado, um excesso no consumo, até consumir o próprio corpo no sem limites. Nesse sentido, é muito interessante o que demonstra Zygmunt Bauman com a noção de "amor líquido", que aponta para o efêmero das relações amorosas de nossos tempos.

Pois então, por que falar de amor? Porque o amor ata os corpos. Com efeito, é disso que a histérica sabe. Ela sabe que o amor ata os corpos. E cabe observar que Lacan demonstra os efeitos do discurso capitalista sobre o amor quando formula que o discurso capitalista foraclui as coisas do amor. Percebe-se que o contexto neoliberal não trabalha para que os corpos se atem, mas para que cada um fique sozinho com seus objetos de consumo.

A histérica insubmissa demonstra, a partir do corpo, a objeção que o sintoma faz à ciência e, portanto, ao nosso tempo. O sintoma é sempre um enigma no corpo que se dirige ao Outro da ciência, e que fica sem resposta. Esse é o ponto de partida da psicanálise. Dito de outra forma, o sujeito histérico é um sujeito em quem o corpo leva a marca do significante, mas um sujeito que não se decide quanto a submeter-se ao significante-mestre. Há algo que o mestre não controla: é que a sexualidade faz furo no fantasma. A sexualidade faz furo no saber. É a falha que a ciência não consegue suturar e é a marca de seu fracasso. Fracasso da ciência, neste ponto. É o que se demonstra nos esforços do cognitivismo: fazer-se mestre do corpo, poder dominá-lo completamente.

O que revela o sintoma histérico é uma outra coisa bem diferente do que demonstra o discurso capitalista.

Na realidade, o que a histérica sabe é que o amor produz desejo, tema recorrente na histeria, já que o acesso ao desejo sexual via de regra passa pelo enamoramento. É o que se deduz da fórmula de Lacan, no seminário 10, *A angústia*, segundo a qual "só amor permite ao gozo condescender ao desejo[4]". O amor permite a emergência do desejo. Creio que a sequência não se aplica igualmente aos homens, em quem o amor via de regra sobrevém como efeito do desejo. Não sempre, é claro, não existe "sempre", não é algo mecânico. Na base da pergunta histérica se encontra a questão: "como fazer para que os homens passem do desejo ao amor?" O que é uma forma de perguntar: "como fazer para que os corpos permaneçam atados?" Essa é uma queixa recorrente de nossa atualidade, evidente na clínica da histeria, onde a insistência não é a da repulsa da sexualidade, mas sim uma queixa em relação aos homens: "por que, uma vez satisfeitos em seu gozo sexual, eles não se enamoram?"

Na verdade, vê-se que a pergunta "o que ata os corpos?" é uma pergunta histérica clássica. Existe uma resposta clássica, histórica: o amor cortês. Os corpos não se encontram, mas permanecem atados. Lacan dizia, como La Rochefoucauld, que não existiria amor se não existisse a palavra amor.

Na verdade, o amor é uma invenção para atar os corpos. Existe um traquejo da histérica quanto a isso. A greve do corpo na histeria está a serviço de atar o corpo do outro.

---

[4] LACAN, Jacques. (1962-1963) *O Seminário, livro 10: A angústia*. Trad. Vera Ribeiro. Rio de Janeiro: Jorge Zahar Ed., 2005, p. 197.

O QUE ATA OS CORPOS?

Pois bem, isto conduz também a um impasse. Já que a histérica vive por procuração, ela cede lugar voluntariamente a outra para o corpo a corpo. A identificação lhe é suficiente para se colocar imaginariamente no lugar da outra. Essa identificação não é feita de qualquer forma, uma vez que, preferencialmente, ela se identifica com o sintoma da outra.

Em sua "Conferência de Genebra", Lacan propõe a existência de uma coalescência entre o corpo e a linguagem. Dessa forma, existe uma concepção geral, para todo sujeito, segundo a qual o gozo está ligado necessariamente ao corpo. Esta concepção também implica, por definição, que não existe harmonia na relação entre o corpo e o gozo. É o que Lacan diz no seminário 19, *...ou pior*, em relação ao ser falante: "é essa relação perturbada com o próprio corpo o que se chama gozo[5]".

Pois então, sobre o corpo aparatado de que falei antes, que é o corpo afetado pelo simbólico — recordem que o simbólico implica uma localização de gozo. O que se pode dizer em relação à histérica é que a histérica acentua essa distância entre o sujeito e o corpo. Quer dizer que o sujeito histérico se põe a uma distância maior quanto ao que passa em seu corpo, e isso leva a marca de um desinteresse, que Freud chamou de "a bela indiferença". A bela indiferença está a serviço de uma estratégia inconsciente que é atar o corpo do outro. E como

---

[5] LACAN, Jacques. (1971-1972) *O Seminário, livro 19: ...ou pior.* Trad. Vera Ribeiro. Rio de Janeiro: Zahar, 2012, p. 41.

CONFERÊNCIA LATINO-AMERICANAS

ele se ata? Através do pensamento. O que a histérica sabe é que, para atar o corpo de um homem, é preciso atá-lo através do pensamento. É o que se reflete no enunciado dos homens: "não consigo tirá-la da cabeça". Quer dizer que o corpo, o do homem, foi tocado.

Que o amor ata os corpos também é algo que fica evidente na análise. Lacan formula: "no começo, está a transferência[6]". Pois bem, sabemos que a transferência é o amor ao sujeito suposto saber. Entende-se, assim, que o discurso analítico ata os corpos, e de um modo duradouro, pelo tempo que dura o amor de transferência. A pergunta que cabe é a seguinte: na análise, é o corpo do analisante que fica atado no dispositivo ou a análise é uma prática que ata dois corpos?

Acredito que existe uma resposta sólida em Lacan a partir do seminário 14, *A lógica do fantasma*. Ali se propõe que o lugar do simbólico não é o espírito, como alguns pensam, diz Lacan, mas sim o corpo. E acrescenta, no resumo deste seminário, que "esse lugar do Outro não deve ser buscado em lugar nenhum a não ser no corpo[7]". Isso é dizer que a linguagem modela o corpo, e este modela o organismo fazendo-o entrar no simbólico. O corpo é simbólico. A ideia de Lacan é que não é suficiente que o ser humano aceda à linguagem, é necessário que a linguagem se incorpore.

---

[6] LACAN, Jacques. (1976) "Proposição de 7 de outubro de 1967". In: *Outros escritos*. Trad. Vera Ribeiro. Rio de Janeiro: Zahar, 2001, p. 252.

[7] LACAN, Jacques. (1967) "A lógica da fantasia – Resumo do Seminário de 1966-1967". In: *Outros escritos*. Trad. Vera Ribeiro. Rio de Janeiro: Zahar, 2001, p. 327.

O QUE ATA OS CORPOS?

Isto não sugere que o Outro seja uma ideia religiosa ou mística. O Outro se encarna no corpo. Existe uma coalescência entre o corpo e o Outro. É porque o Outro se encarna que existe um corpo. Assim, o corpo não é só a imagem que alguém tem de seu corpo. O corpo existe enquanto marcado pela linguagem.

Em "Radiofonia", Lacan diz que o primeiro corpo faz o segundo ao incorporar-se[8]. Ao que acrescenta que o corpo faz a cama do Outro. Em suma, isto quer dizer que o simbólico necessita de um corpo para se encarnar. Essa questão é fundamental no plano clínico. Há sujeitos desencarnados, que têm um organismo, mas será que têm um corpo? Para evocar o corpo, é preciso localizar a confluência de um gozo do corpo e uma incorporação do significante.

A pergunta que Lacan se formula é: como afetar o corpo por intermédio do inconsciente? É estranho pensar as coisas desse modo, é estranho pensar que, porque tocamos o inconsciente, tocamos o corpo. Eis um fato que constatamos na clínica analítica. É suficiente ver que, com o avanço das análises, os sujeitos dizem que se sentem menos cansados, que encontram mais forças no corpo e, inclusive — é um fato clínico —, que estão menos doentes.

Observem que isso é algo que Lacan retoma em "Televisão" quando se refere à cura analítica e diz que a demanda de análise parte de uma voz que sofre, ou de alguém que sofre,

---

[8] LACAN, Jacques. (1970)"Radiofonia". In: *Outros escritos*. Trad. Vera Ribeiro. Rio de Janeiro: Zahar, 2001, p. 406.

de seu corpo ou de seu pensamento[9]. Na verdade, os que sofrem do pensamento também estão sofrendo no corpo, pois o pensamento é um modo de gozar do corpo.

Voltamos a encontrar a ideia de que, para que haja corpo — e, portanto, ser — é necessária uma perda. Trata-se de uma perspectiva constante no ensino de Lacan, que não se limita unicamente ao corpo a partir da entrada do significante, mas também ao efeito de perda produzido por esta entrada, que permite cernir melhor a relação entre corpo e inconsciente. É o que nos permite dizer nós mesmos que o objetivo da análise poderia se formular em termos de "como afetar o modo de gozo do corpo de um sujeito?" Como goza o sujeito? Goza com seu corpo. Lacan o diz de modo explícito no seminário 20, *Mais, ainda*: a única coisa que sabemos é que o ser vivente é unicamente isto, um corpo que se goza[10]. E não se goza senão pela incidência do significante.

Como propomos até agora, corpo e simbólico são indissociáveis. Foi isso que levou Lacan a tirar as consequências disso introduzindo o termo "falasser". Um sujeito determinado pelo gozo do corpo.

Retomo como os discursos atam os corpos. Há o discurso do mestre, que ata os corpos, fixa-os, estaciona-os e coagula os desejos. Basta ver a crise dos imigrantes na Europa e

---

[9] LACAN, Jacques. (1973) "Televisão". In: *Outros escritos*. Trad. Vera Ribeiro. Rio de Janeiro: Zahar, 2001, p. 511.

[10] LACAN, Jacques. (1972-1973) *O Seminário, livro 20: Mais, ainda*. Trad. M.D. Magno. Rio de Janeiro: Jorge Zahar Ed., 1985, p. 35.

O QUE ATA OS CORPOS?

como o discurso do mestre ata os corpos, transformando-os em rebanhos.

O que interessa a Lacan é o intervalo entre o corpo e o que se diz, ponto de origem de um discurso. Nesse sentido, verifica-se novamente como o discurso analítico é uma subversão do discurso do mestre. A economia de mercado coloca uma questão para os comitês de ética. Por exemplo: é suficiente que duas pessoas entrem em acordo para terem direito a algo? Existe em nossa atualidade um mercado do corpo humano.

Passemos ao discurso analítico.

Se algo existe no discurso analítico, é porque o analista está em corpo, instala o objeto *a* no lugar do semblante. Passo direto ao essencial. Quando Lacan se interroga de que se trata na análise, ele diz: o analista em corpo. Porque é no corpo que se instala o semblante e, portanto, o discurso do analista. De fato, essa é a pergunta de Lacan: o que nos une àquele que embarcamos, uma vez franqueada a primeira apreensão do corpo? Apreensão não tem a ver com temor, mas sim com a tomada dos corpos. Quer dizer que os corpos têm que estar tomados. Aqui, Lacan utiliza a palavra "irmãos", somos irmãos de nossos pacientes no sentido de que somos filhos do discurso.

Atenção, ele não está se referindo à fraternidade de corpos, pois Lacan relaciona a fraternidade de corpo com o racismo, com a necessidade de homogeneidade de corpos. Quer dizer que Lacan opõe a fraternidade dos corpos e o termo "irmãos", como filho do discurso. A fraternidade dos

15

corpos é a sociedade de todos iguais, todos irmãos e, portanto, da exclusão dos que não são iguais. Vejam o que ocorre com certas propostas políticas nos Estados Unidos, que vão ganhando terreno na Europa. É o imaginário como prolongamento de nossa imagem do corpo, fazer disso o que nos une. Isto conduz à paixão mortífera.

É preciso ter em conta o que Lacan desenvolve sobre o corpo em sua conferência sobre Joyce em 1976, quando se pergunta "o que é a história?". Ele responde: "A história nada mais é do que uma fuga da qual só se narram os êxodos [...] Somente deportados participam da história: já que o homem *tem* um corpo, é pelo corpo que se o tem[11]", ele tem o homem. Ou seja, Lacan capta o que faz a substância da história.

A questão central para nós é, volto a este ponto, como uma prática da palavra tem incidência sobre o gozo do corpo, que é sempre gozo autista?

O corpo da neurose leva a marca de uma negatividade inscrita como ferro. É a marca da castração que produz no corpo uma extração. Esse é o drama do neurótico, mas também sua salvação. É uma tragédia, pois está condenado a que seu gozo nunca seja absoluto, seja sempre limitado. É sua salvação, pois é por esta negatividade que o neurótico tem acesso ao gozo fálico que, como formula Lacan, está fora do corpo. Para tanto, deve haver um corpo simbólico para experimentar o gozo extracorporal.

---

[11] LACAN, Jacques. (1975) "Joyce, o sintoma". In: *Outros escritos*. Trad. Vera Ribeiro. Rio de Janeiro: Zahar, 2001, p. 564-565.

O QUE ATA OS CORPOS?

Pois bem, o que muda fundamentalmente é a função que Lacan dá ao sintoma e à ideia do evento traumático. Com a ideia de evento traumático, Lacan se separa de Freud, pois, para Lacan, o evento traumático o é por estrutura, ao passo que Freud o propõe como contingente. O trauma é efeito de estrutura de *lalíngua* no corpo. Há um evento fundamental que é o choque inicial da língua, que deixa as marcas que são os sintomas e os afetos. O corpo falante não é ficção, não é um real que mente, ao passo que a linguagem, ela sim, mente, é uma elocubração de saber sobre *lalíngua*. É uma articulação de semblantes que recobrem o real. Assim, os semblantes atam os corpos, mas deixam de fora o real do gozo de cada corpo.

Lalíngua vem do discurso, mas não é discurso. *Lalíngua* é a responsável pelo mistério do corpo falante. *Lalíngua* determina a modalidade de gozo do corpo. *Lalíngua* tem efeitos de gozo. O mistério do corpo falante concerne à opacidade do gozo. A ausência de sentido do gozo do corpo. Já a linguagem produz uma negativização do gozo, um "deserto de gozo", como diz Lacan. O que não faz parte do deserto é o dizer intrusivo, o dizer que faz o real do gozo.

Aqui, a pergunta se renova: o que ata os corpos, se o gozo é de um mesmo? Haveria três níveis para a resposta. Primeiro nível: o que ata os corpos sem a análise? Aqui, a resposta é o fantasma. Cabe retomar a experiência da histeria. O que ela sabe é que, para captar o outro, ela deve ocupar o lugar do objeto *a* no fantasma do homem. É o que muitas analisantes perguntam: "beleza, mas como se faz?" É óbvio que a

Conferência latino-americanas

histeria o sabe por seu inconsciente. Segundo nível: os efeitos da análise em relação ao corpo do outro. Uma pergunta se impõe: por que as análises não terminam na solidão radical, uma vez atravessado o fantasma fundamental e a verificação de que o parceiro ocupa um lugar no fantasma? Dizer que um parceiro ocupa um lugar no fantasma é dizer que a substituição *ad infinitum* é possível, é suficiente que — no caso do homem — outra mulher venha ao lugar do objeto *a*. Há dimensões em Lacan que fazem obstáculo a esta concepção. A primeira concerne ao amor, a segunda, ao sintoma. Quando Lacan se refere, no final de seu ensino, a um amor de ser a ser, é evidente que não se trata de um amor que se sustenta em um fantasma. O amor do ser ao ser implica o mais autêntico de si, e o reconhecimento do mais singular do outro. Se o afeto deste entrecruzamento é o amor, é evidente que o efeito é atar os corpos. Com efeito, essa não pode ser uma promessa analítica, mas é certo que a análise que vai contra o fantasma e sustenta a contingência do real promove um amor do ser ao ser. O amor do ser ao ser é o modo pelo qual os corpos se atam pelo real. Trata-se do real entre dois corpos. Seria possível dizer: de real a real.

Isso é o que permite abordar esta dimensão fundamental que é a do sintoma. Lacan o propôs em relação ao que uma mulher pode ser para um homem, um sintoma. Se tomarmos o sintoma na perspectiva do último ensino de Lacan, ou seja, como o quarto nó necessário ao enodamento do simbólico, do imaginário e do real, a mulher sintoma do homem é aquela necessária ao gozo autista do sujeito. É um nível distinto que o da mulher causa de desejo. Localizar o sintoma em uma mulher supõe considerar que o gozo autista não é suficiente para sustentar a armação do sujeito. Pois bem, isto não se aplica completamente se se toma a pergunta "o que é um homem para uma mulher?" Lacan disse que ele pode ser um sintoma ou uma devastação.

Por fim, há a invenção de Lacan, o *sinthoma*, que resolve bem a questão, já que supõe que o casal — homem ou mulher, na heterossexualidade ou na homossexualidade —, se é um *sinthoma*, é porque participa na sustentação da estrutura. É o que chamo de sintoma que ata os corpos. Esta concepção se traduz nas análises. Creio que é importante atualizarmos nossa ideia da transferência, vista unicamente desde a perspectiva do sujeito suposto saber.

É evidente que o amor de transferência, a partir da constituição do sujeito suposto saber, mantém sua vigência teórica para conceitualizar a entrada em análise e avaliar as saídas transferenciais possíveis. Entretanto, também me parece importante ressaltar o número crescente de casos em que há demanda de análise e esta não desemboca necessariamente em uma suposição de saber, o que não exclui que o sujeito siga se encontrando com o analista, inclusive durante muito tempo. Cabe acrescentar aqui a questão da análise para além da queda do sujeito suposto saber. A doutrina que Lacan nos deixou é conhecida. A queda do sujeito saber ao fim da análise não é o final, já que falta a elaboração, em transferência, do luto do analista como objeto. Seguramente, esta elaboração dá conta de uma dimensão clínica fundamental, a análise para além da terapêutica. Ora, há uma outra dimensão clínica nas análises em que não se observa a sequência: queda do sujeito saber e, logo, luto pelo analista. O que se evidencia, ao menos em minha experiência, em uma série de casos, é que a queda do sujeito suposto saber é seguida pela necessidade de continuar a análise. Não é algo raro. Acredito que, de certa forma, Lacan o antecipa no "Prefácio à edição inglesa do *Seminário 11*", onde utiliza o termo francês *empêtraient,* de *empêtré*, que se poderia traduzir como "atrapalhar" — ainda que seja mais forte do que "atrapalhar", pois *empêtré* é algo como "empedrar", mas tomemos "atrapalhar", "atrapalhado" —, em encontrar uma satisfação de urgência em certos casos[12]. Isto quer dizer que há certos casos de fim de análise que não terminam porque o sujeito não encontra a satisfação. Obviamente, quando diz que está atrapalhado, não acho que Lacan esteja se referindo a que ele se encontra atrapalhado subjetivamente. O que constata é que, em certas análises que foram mais além da terapêutica, que chegaram ao ponto de queda do sujeito suposto saber, os sujeitos querem encontrar algo mais nas análises. Ou seja, descarto a ideia de que Lacan tivera impedimento de fazer um ato, não é disso que se trata. O que posso deduzir desta afirmação é o seguinte: a dificuldade de alguns analisantes de encontrar uma satisfação de fim que justifique deixar o analista. Dito

---

[12] LACAN, Jacques. (1976) "Prefácio à edição inglesa do *Seminário 11*". In: *Outros escritos*. Trad. Vera Ribeiro. Rio de Janeiro: Zahar, 2001, p. 564-565. p. 569.

de outro modo, há uma satisfação que se segue encontrando no dispositivo. Esta é a razão que justifica — não é a única, é claro — falar do analista como parceiro-sintoma. É uma forma pela qual os corpos do analisante e do analista estão atados. É uma dimensão que é preciso explorar, inclusive é preciso fazer entrar nela os casos de análise onde a partida se joga num corpo a corpo com o analista, sem que exista entre eles a mediação do sujeito suposto saber.

AFETOS ENIGMÁTICOS E FIM DE ANÁLISE[1]

---

[1] Conferência proferida no Fórum do Campo Lacaniano de São Paulo no dia 23 de abril de 2022. Tradução de William Zeytounlian.

O *APRÈS-COUP*

Os afetos não são decifráveis. Essa é a tese de Lacan, dedutível de seu ensino e, sobretudo, da proposição de que "o inconsciente é estruturado como uma linguagem". Isso não quer dizer que o analista não diga nada em relação aos afetos. Por vezes, o analista interpreta o estado de um paciente dizendo: "você está deprimido". Outras vezes, quando alguém se apresenta dizendo que está deprimido, o analista pode intervir e dizer: "como você sabe que está deprimido?".

Contudo, a interpretação analítica é, em essência, uma operação sobre os significantes recalcados. Se os afetos não são interpretáveis, é porque eles se deslocam, mas não são recalcados. Existem, entretanto, efeitos analíticos sobre os afetos. A pergunta, portanto, é: em que os afetos mudam com a análise?

Comecemos de forma mais geral com os sentimentos. Lacan os dividiu em dois termos: sentir e mentir. O fato de os sentimentos mentirem nos demonstra que eles não podem ser a bússola do analista para se orientar no tratamento. Ali onde o sujeito acredita que se situa o que há de mais autêntico de si, o analista sabe — há uma mentira nos sentimentos.

Lacan responde à crítica que lhe foi feita de não levar em conta os afetos. Sua formulação é a de que é preciso situar

23

os afetos em relação ao inconsciente. Como os afetos não são recalcados, surge a questão acerca do devir dos afetos em análise.

Primeiramente, Lacan distingue entre os afetos mentirosos e os afetos do real. Esta diferenciação permite organizar a clínica do real. Lacan propôs isso em relação à angústia, à cólera e ao mau humor. Propor que eles sejam um real não implica que permaneçam intocados do início ao fim da análise.

O afeto está despreendido do significante, "ele fica à deriva[2]". É isso que caracteriza a angústia: ela é experimentada, mas sua causa permanece enigmática para o próprio sujeito. Ele não sabe por quê. Lacan abre uma nova perspectiva em relação à função da angústia. Ao propor que a angústia constitui o avesso do desejo, ele nos abre uma concepção da análise centrada num mais-além da angústia. Com efeito, se o que define a angústia é o fato de ela sempre ser angústia de castração, a assunção da castração como condição para o fim da análise implicaria também no fim da angústia.

O drama do neurótico é a perda da referência — no sentido de "pontos de orientação". É o que Lacan diz ter faltado ao Pequeno Hans: a experiência que consiste em ter medo de verdade. À falta desta experiência, o sujeito permanece suspenso ao desejo do Outro. O que o Pequeno Hans encontra, em seu caso, é o fato de que ele mesmo constitui um centro

---

[2] LACAN, Jacques. (1962-1963) *O Seminário, livro 10: A angústia*. Trad. Vera Ribeiro. Rio de Janeiro: Jorge Zahar Ed., 2005, p. 23.

enigmático em torno de um significante. Ou então, para dizê-lo de outra forma, a criança passa do incompreensível de um afeto ao enigma do significante: Hans não compreende por que é o cavalo que concentra sua angústia. Reparem que não é a mesma coisa ser confrontado com o incompreensível no afeto e estar submetido à interrogação sobre este ou aquele significante.

No seminário *A relação de objeto*, Lacan acompanha a tese freudiana segundo a qual a angústia "é sem objeto". Não obstante, ele coloca a seguinte questão: com que o sujeito é confrontado quando experimenta a angústia? Ao que responde: é o momento "onde ele se perde[3]". É a perda da referência. A angústia é o índice mais confiável de que o sujeito está na via de aceder a seu desejo.

Para o analisando, contudo, a angústia também comporta uma certeza. Um sujeito pode até não estar seguro de seus sentimentos, pode até estar perdido, mas, quando é tomado pela angústia, neste momento preciso, ele não tem dúvida alguma. A angústia não engana. Ela engendra uma certeza — certeza essa que precisa ser diferenciada da certeza na psicose.

Lacan faz referência a uma significação "enigmática" na psicose. Foi nos *Escritos* que elaborou sua proposição acerca da certeza pelo significante e sua relação com o enigma

---

[3] LACAN, Jacques. (156-1967) *O Seminário, livro 4: A relação de objeto*. Trad. Dulce Duque Estrada. Rio de Janeiro: Jorge Zahar Ed., 1995, p. 353.

na psicose[4]. Há, inicialmente, o vazio enigmático do lado da significação. Em seguida, aparece o significante que traz uma certeza de grau proporcional ao do enigma. Quanto mais esvaziado é o vazio, mais o significante ganha peso. É a alta densidade do significante — uma certeza inerente ao significante. É o que está em jogo no fenômeno da perplexidade, localizado recorrentemente, e bastante manifesto, em que o mundo se torna um enigma cuja questão "o que isso quer dizer" é impossível de responder. Enigma da significação na significação que não é necessariamente o enigma do desejo do Outro. Poderíamos dizer que a certeza de significação na psicose, na neurose, é certeza da angústia.

É notório que, quanto mais o sujeito assume uma posição desejante, menos ele se angustia. A angústia é um afeto lógico que se conecta com o enigma do desejo do Outro. Quanto mais avança a análise, mais desaparece a pergunta sobre o desejo do Outro. Isso não quer dizer que a pessoa passa a saber tudo acerca do desejo do Outro. É uma evidência, porém, que passa a se perguntar menos sobre o desejo do Outro, uma vez que esse desejo não constitui mais o que sustenta o desejo do sujeito. Lacan escreveu isso com um matema: $S(\bcancel{A})$. Isso indica que, quanto mais o sujeito se dá conta da inconsistência do Outro, mais se aproxima da assunção de seu próprio desejo e menos se confronta com a angústia.

---

[4]LACAN, Jacques. (1958) "De uma questão preliminar a todo tratamento possível da psicose". In. *Escritos*. Trad. Vera Ribeiro. Rio de Janeiro: Jorge Zahar Ed., 1998, p. 545.

Afetos enigmáticos e fim de análise

A angústia é um afeto que irrompe, ao passo que o sintoma é constante — mesmo que seus efeitos se façam sentir de maneira inconstante. Enquanto a angústia é o afeto paradigmático do enigma, o sintoma é uma manifestação recorrente, conhecida do sujeito.

O verdadeiro traumatismo é o modo como *lalíngua* afeta o corpo. É pelas zonas erógenas que se possui um corpo. É por efeito de *lalíngua* que acontece o advento do corpo. O corpo, segundo a concepção de Lacan, é o lugar do Outro e, ao mesmo tempo, é a sede dos afetos. Sede de localização dos afetos. O corpo falante é um corpo marcado. Os afetos enigmáticos são efeito de *lalíngua* e, justamente por isso, são efeitos do inconsciente enquanto real. Além dos afetos enigmático, há ainda o sintoma como enigma. O matema da transferência o ilustra. O que quer dizer? Nesses enigmas do Um é possível reconhecer os elementos que nos fazem diferentes, que nos fazem Um. É isso o que advém como real ao final da experiência.

O saber adquirido não implica no desaparecimento do enigma. Há um real que se ignora e que aparece à medida que um saber sobre o enigma do inconsciente é fabricado. Há um enigma do final. Lacan faz referência a um gozo opaco. Existe, ao final, uma ignorância irredutível. Os afetos enganam, salvo a angústia, que é uma exceção. Os afetos afetam o corpo. O enigmático são os afetos do real — efeito do real, de *lalíngua* sobre o corpo. A culpa não se interpreta. O que se interpreta é a escolha inconsciente de ter renunciado ao desejo. Interpreta-se sobre o fato de que o sujeito assuma para si uma responsabilidade impossível, a de que sempre exista uma falta em relação ao gozo absoluto.

O afeto do tédio é indício do desejo de outra coisa, de outro gozo. A tristeza, por sua vez, vem na esteira da percepção da união impossível. Entre os dois, citemos ainda o mau-humor: tradução em afeto do real que não convém, em um sujeito que não se habitua a ele.

Lacan introduz ainda a questão "dos afetos que permanecem enigmáticos, relacionados à existência de *lalíngua*". *Lalíngua* deve ser considerada, aqui, nos termos "dos afetos singulares que ela engendra no corpo". O que tratamos é a causa dos afetos, a linguagem. O afeto é efeito da estrutura. O afeto está ligado ao Outro, ao Outro que nomeia, ao passo que os afetos enigmáticos do fim de análise são afetos sem Outro. São um real irredutível, efeito de ser, produção do Um do sujeito.

Na teorização de Lacan, os afetos do real estão, em um primeiro momento, ligados ao objeto *a* e, mais tarde, a *lalíngua*. Em "A terceira", a angústia é destacada como advento do real. Dizer que os afetos enigmáticos são emergências do real é dizer que são índices do inconsciente real e que não são decifráveis. Satisfação da ignorância alcançada, a qual não é um "não querer saber", mas sim o desejo de saber sabendo que há ignorância. Sabendo do impossível de saber. É a experiência do real, que não está a serviço de passar uma mensagem ao Outro.

Existe uma vida depois da análise. É por isso que fazemos uma análise: para que ela não seja a mesma. Mas, será que para essa vida depois da análise basta a forma como vemos o mundo tal como a análise nos deixou?

A partir do que sabemos de nós mesmos — e do "saber--fazer" com o próprio sintoma —, mudamos de posição, de ponto de vista, sustentamo-nos de um desejo que não passa pelo Outro, o que, contudo, não evita que ele não pare de advir mesmo depois da análise[5]. Existem os acasos da vida, que o próprio Lacan evocou, que nos empurram, nos mandam da direita para a esquerda, que fundam um destino. Sim, mas existe uma diferença entre os acasos de antes e depois da análise.

Podemos dizer que, antes da análise, somos empurrados da esquerda para a direita. "Acaso" é outro nome para "contingência", e a análise permite um "saber-fazer" com as contingências. Isso foi formulado bem cedo por Lacan. A análise reordena as contingências passadas dando-lhes um sentido vindouro — Lacan evoca o "pouco de liberdade" com que o sujeito as torna presentes. Pode-se dizer que, com esse reordenamento, nós nos preparamos para novas contingências e que, diferentemente do passado, nós a abordamos com mais liberdade. Isto é: agora temos a escolha.

Mas existem contingências depois da análise que vão além do encontro com o imprevisível. Em alguns casos, há

---

[5] Nota do tradutor: Izcovich utiliza a expressão francesa *"ne cesse pas de tomber"*. É importante que o leitor tenha em mente a dimensão polissêmica dela. Além de possuir o sentido mais literal de "não pare de cair", ela pode ser traduzida por "não pare de acontecer", "surgir" ou "advir". Ao longo do texto, optamos pelas soluções que evoquem o "advento".

CONFERÊNCIA LATINO-AMERICANAS

o imprevisível; em outros, ele se junta ao improvável. É aí que, de verdade, isso advém [*ça tombe*]. Isso advém no pensamento, isso também pode advir no corpo. Que seja em um ou no outro, no final das contas, isso sempre acaba por advir no corpo. É nele que a contingência faz evento. E, como qualquer evento, seja ele de pensamento ou de corpo, isso afeta o corpo.

Quando dizemos que isso toca o corpo, dizemos que isso toca o real. O que toca o real é sempre o que perfura o imaginário e o simbólico, e que afeta, sempre, o real do corpo. Pois, no percurso da análise, pudemos aceder à destituição subjetiva, à experiência de des-ser do analista, ao momento em que os semblantes vacilam, mas constatamos que, mesmo assim, os semblantes não desaparecem. Eles se reconstituem de outra forma e formam uma tela [*écran*] frente ao real — a não ser que o real do sexo ou a eminência da morte furem esta tela. Depois da análise existe, portanto, a contingência do encontro. Pode ser um bom ou um mau encontro. Ambos, contudo, têm um ponto em comum: um encontro de gozo sempre pode se revelar enigmático. Um encontro de gozo pode surpreender o programa fantasmático do sujeito. O que advém pode cair bem, ainda que o sujeito o experimente como advindo dele. Assim, não é possível correlatar o que advém depois da análise como sendo relacionado ao mau encontro.

Depois da análise existiriam, portanto, duas contingências. Existem aquelas que podem se reordenar a partir das próprias coordenadas subjetivas, daquilo que sabemos de

30

nós mesmos. É o caso dos encontros que tocam o fantasma sem fazerem um furo no real. Há, aqui, um efeito de surpresa. Elas podem fazer vacilar o fantasma. Podemos nos surpreender ao ver, de novo, algo que já acreditávamos superado. Estas surpresas por vezes exigem uma volta a mais em torno de si mesmo, o que não é necessariamente a retomada da análise. O sujeito reorganiza a realidade por um remanejamento do fantasma. Isto é parte daquilo que o sujeito sabe fazer. Ele lida com seu fantasma. Dentre esses estão os enigmas do fim, o descobrimento dos afetos de destituição subjetiva e o des-ser do analista frente ao qual o sujeito, por vezes, retrocede. Em contrapartida, há outra parte, a parte daquilo que advém, que está fora do programa, sem que o sujeito tenha as coordenadas para integrá-lo. É o que faz evento, furo no simbólico e encontro com o real. A cada vez, percebemos se tratar daquilo que concerne ao sexo ou à morte. Daí o interesse de voltar a que tratamento dão os analistas àquilo que surge como contingência depois da análise.

Poderíamos aplicar ao pós-análise a questão que Lacan coloca ao fim do seminário 11, onde se pergunta "como um sujeito que atravessou a fantasia radical pode viver a pulsão?", ponto que "jamais foi abordado[6]". Lacan coloca esta questão no cerne de sua proposição sobre o passe.

---

[6] LACAN, Jacques. (1964) *O Seminário, livro 11: Os quatro conceitos fundamentais da psicanálise.* Trad. M. D. Magno. Rio de Janeiro: Jorge Zahar Ed., 2008, p. 258.

CONFERÊNCIA LATINO-AMERICANAS

Poderíamos dizer, também em nossa atualidade, que o pós-análise — e mesmo o pós-passe — tampouco foi abordado. Faz alguns anos que começamos a colocar em nosso programa de trabalho "o passe e suas consequências". Se não lhe demos prosseguimento, é porque nos contentamos em explorar, seguindo a proposta de Lacan, o advento do desejo do analista. Penso, não obstante, que poderíamos extrair um benefício epistêmico explorando a relação que temos com o inconsciente pós-analítico.

Dessa relação com o inconsciente, Freud, que não passou pela prova da transferência, nos dá o modelo. Ele jamais recuou de, frente a seus esquecimentos, atos falhos, afetos enigmáticos e inibições, tentar identificar sua relação com o não-sabido no contexto do que, a cada vez, revela-se opaco nas contingências da vida. É certo que ele o fez para demonstrar como a hipótese do inconsciente se verifica em seu próprio caso, trazendo assim uma prova a mais para a existência do inconsciente. Mas, para além disso, ele o fez por conta de uma necessidade da psicanálise, a saber, que o analista esteja o mais próximo possível de seu saber inconsciente. Para Freud, o que advém a cada vez é uma formação do inconsciente, mas não sempre. Há também — e isso é crucial — aquilo que adveio porque os mitos fabricados pelo inconsciente não constituíram uma barreira eficaz. Dessas duas dimensões, do que advém do inconsciente — e que faz buraco no inconsciente —, o analista precisa estar advertido.

Freud, porém, jamais usou desse modelo para preconizar que poderíamos dispensar o dispositivo analítico, muito menos, a não ser num dado momento, que poderíamos buscar uma análise via autoanálise. Sua proposta testemunha uma necessidade, mas também uma escolha: estar em posição de inventar a psicanálise, não se dispensar de abordar sua própria relação com o inconsciente. É seguro que, no que diz respeito ao mais íntimo, Freud não disse tudo. Ele não livrou os analistas das consequências daquilo que não foi analisado nele. Freud, contudo, teve coragem de mostrar os limites de sua posição como sujeito. Dois exemplos disso são suficientes. O primeiro é sua autocrítica a respeito da interpretação equivocada no caso Dora. E o segundo é sua falta de hesitação em designar como despersonalização o sentimento estranho que o tomou face à visão da Acrópole. Freud evoca o prazer arruinado e o sentimento de culpa que chegam às raias do impedimento da fruição, efeitos sobre si da impossibilidade de ir além do próprio pai.

Isso coloca em evidência o caráter premente de uma posição. Essa posição consiste em examinar, a cada vez, aquilo que para cada um, como analista, pode interferir na continuidade da análise de um analisando. Da mesma forma, isto nos mostra a necessidade constante de identificar o que permanece opaco depois da análise, de modo a seguir na direção de um dos objetivos da análise: não trair seu desejo e gozar da vida.

Ora, não podemos falar de "restos não analisados" no caso de Freud, pois ele não teve análise. O valor dos exemplos vem das consequências que Freud retira, em cada ocasião, de sua relação com o inconsciente. Freud não se esconde atrás do não-saber. Pelo contrário, ele nos fornece o exemplo da necessidade de se guiar pelo não-saber como enquadramento do saber.

Esse é um Freud sempre analisando de sua própria existência. Podemos dizer que Lacan seguiu seus passos nessa direção, e até mesmo que foi mais longe. Existe, porém, uma diferença fundamental. Diferentemente de Freud, Lacan nos dá indicações de sua relação com o inconsciente depois da análise, pois ele passou pela experiência da análise. Ele dá testemunho, portanto, do inconsciente pós-analítico.

Poderíamos nos deter em muitas formulações de Lacan, mas todas convergem para a ideia de que, se o analista não pensa ao operar, ele, não obstante, pensa na análise de seu analisando. É o que ele enuncia no seminário *R.S.I.,* na aula de 10 de dezembro de 1974: "é indispensável que o analista seja ao menos dois: o analista para ter efeitos; e o analista que, tais efeitos, os teoriza".

Certo, quando Lacan se refere aos dois analistas em questão — o analista para ter efeitos e o analista que teoriza esses efeitos —, ele não faz alusão ao inconsciente do analista. Acredito, porém, que podemos acrescentá-lo. Quando pensamos em nosso ato, é legítimo nos interrogarmos se, por nossa posição, apresentamos ou não obstáculos aos efeitos sobre o inconsciente de nosso analisando. Assim, se digo que Lacan foi mais longe na via freudiana, é porque ele também acrescenta, no que concerne à transmissão da psicanálise, o analista em posição de analisando. Ele diz isso em relação ao AE, enquanto analisando de sua experiência. Isso é o que uma Escola espera de seus AE quando pensam a psicanálise a partir dos pontos fortes que eles mesmos tiveram que enfrentar. Essa é a função do AE: pensar a psicanálise com a ajuda de sua experiência. Mas ainda poderíamos nos perguntar: por que nos deter no AE? Por que não acrescentar que é indispensável pensar a psicanálise a partir de novas conjunturas do mundo, bem como a partir de nossa posição em relação ao nosso próprio inconsciente? Partindo do que foi enunciado, uma outra questão se coloca: é possível deduzir que, depois da análise, o inconsciente permanece Outro, fórmula utilizada bastante, inclusive por mim mesmo? Perguntemo-nos se o analista, como todo sujeito, é dividido pelo retorno daquilo que não foi escrito em sua própria análise. Qual seria, então, a diferença em relação a Freud, que analisa seus retornos do recalcado exatamente como sujeito dividido? No fundo, o que está em questão é o sujeito dividido depois da análise.

Acho que Lacan nos dá uma indicação ao avançar em outra direção.

Ele pronuncia seu seminário *L'insu que sait de l'une-bévue s'aile à mourre* na esteira imediata do seminário *O sinthoma* e do "Prefácio à edição inglesa do *Seminário 11*", e ali trata da satisfação que marca o fim. Em *L'insu...* ele prolonga essa mesma questão acrescentando, ao fim da análise, a identificação com o sintoma. Pouco mais de um mês depois, na aula seguinte de seu seminário, Lacan formula: "Sou um perfeito histérico, isto é, sem sintoma, exceto de tempos em tempos[7]".

---

[7] LACAN, Jacques. (1967-1977) *L'insu que sait de l'une-bévue s'aile à mourre*. Seminário inédito, aula de 14 de dezembro de 1976.

É o que ele explica com um exemplo que atribui a um erro de gênero que ele comete em um restaurante. A frase de Lacan era: "A senhorita está reduzido a comer somente lagostins ensopados". Notemos que Lacan reconhece uma manifestação do inconsciente e que, contudo, não deduz o signo de uma divisão subjetiva. O que acontece é até o contrário, pois ele explica que, diferentemente do histérico, "à força de ter um inconsciente" ele "o unifica do seu consciente".

Para Lacan, este retorno do inconsciente é, antes, um signo de seu sintoma que retorna de tempos em tempos, o que não o impede de se dizer sem sintomas. "Sem sintomas" pode ser entendido como ser suficientemente satisfeito por aquilo que se tornou seu sintoma, a ponto de não mais experimentá-lo. Dito de outra maneira, este seria um exemplo, um signo até, do que deveria ser atingido com a identificação com o sintoma.

Acredito que isso vai na mesma direção do que precedeu, como eu disse, logo antes.

Por um lado, a afirmação no "Prefácio à edição inglesa do *Seminário 11*" acerca da "satisfação que marca o fim[8]" e, por outro lado, sua formulação de "se identificar com o próprio sintoma, tomando suas garantias, uma espécie de distância[9]".

---

[8] LACAN, Jacques. (1976) "Prefácio à edição inglesa do *Seminário 11*". In. *Outros escritos*. Trad. Vera Ribeiro. Rio de Janeiro: Jorge Zahar Ed., 2003, p. 568.

[9] LACAN, Jacques. (1976-1977) *L'insu qui sait de l'une-bévue s'aile à mourre*. Seminário inédito. Aula de 16 de dezembro de 1976.

O fato de Lacan evocar um "se identificar", e não a "identificação" com o sintoma, nos indica a temporalidade de um processo. Algo que não se faz de uma vez por todas, que continua, que não cessa, a ponto de produzir — se considerarmos que o exemplo de Lacan não é o único, e que portanto isso é possível — o que eu formularia da seguinte maneira: se identificar com o próprio sintoma é o que permitiria reduzir a distância entre o inconsciente e o consciente.

Isso se junta ao que Lacan diz quanto "à força de ter um inconsciente", o que introduz a dimensão da repetição pós-analítica e, portanto, a necessidade do tempo. Acho essa indicação preciosa pois ela abre uma perspectiva diferente daquela do inconsciente como sempre Outro. A fórmula "à força de ter um inconsciente o unifica com seu consciente" é o que permite, na melhor das hipóteses, saber-fazer com o sintoma.

Uma outra questão se coloca daí: identificar-se com o sintoma comporta uma dimensão estável, fixa, definitiva? Acredito antes que, com a proposta de se identificar com o próprio sintoma, Lacan designa o momento em que começa um novo processo para o sujeito. Ele se inicia durante a análise e continua até o fim do tratamento, momento em que o sujeito pode dizer que, mesmo existindo o incurável, um processo irreversível foi posto em curso, processo de concerne este "se identificar". Portanto, o "já basta" do final da análise não é o fim do sintoma, mas o menos possível, de tempos em tempos, a ponto de adquirirmos a certeza de, daí em diante, sabermos fazer algo sem a transferência.

Acredito que Lacan vai nessa direção também numa formulação conclusiva do seminário *Momento de concluir*: "O inconsciente é isso [...], é a face de Real daquilo em que se está enredado[10]". Ao que, em seguida, ele acrescenta: "A análise não consiste em estar liberado dos próprios *sinthomas*, pois é assim que eu escrevo 'sintoma'. A análise consiste em saber por que se está enredado neles".

"O inconsciente, face de Real", quer dizer o inconsciente face do sintoma. É nesse contexto que Lacan escreve: "O Real não cessa de se escrever" enquanto, antes, ele dizia que "o Real não cessava de não se escrever".

Podemos capturar, mediante essas novas indicações, a dimensão do que continua a se escrever depois da análise.

Voltemos ao que advém depois da análise e sua relação com o real. Há aquilo que advém e que é da ordem de uma constante: o real que retorna sempre ao mesmo lugar. É um real conhecido, mas que não possui menos efeito de real. Depois, há aquilo que advém e que é efeito de um furo. Aquilo que advém da articulação significante, que advém da aparelhagem, por vezes pode ser fulgurante, perfurando o saber que o sujeito forjou em seu tratamento. A Escola, se o sujeito tornado analista toma parte nela, protege, fabrica uma língua, cria meios para esquivar disso que advém. A Escola é um abrigo, mas não um para-raios.

---

[10] LACAN, Jacques. (1977-1978) *Le moment de conclure*. Seminário inédito. Aula de 10 de janeiro de 1978.

Às vezes, a revelação que advém se relaciona com o passado, isto é, é rastreável. O rastreável remete àquilo que sabemos sem o saber. Já está escrito, não conseguimos propriamente capturá-lo, mas temos a intuição de que ele já está lá há bastante tempo.

Existe aquilo que ignoramos, mas existe aquilo que sabemos. Sabemos que o desejo se sustenta de uma falta. Sabemos que é isso que causa o nosso desejo. Sabemos que os objetos mais-gozar funcionam como obturador da falta e que não servem à causação do desejo.

O só-depois (*après-coup*) do final comporta surpresas e demonstra que pudemos ir, numa análise, até o incurável, que existe um imprevisível que faz real. Não podemos calculá-lo, não sabemos quando ele irá chegar, mas ele chegará. Nesse momento, por mais que na própria análise se tenha tocado o impossível, constamos que existe um outro real que desperta. Às vezes, trata-se de um despertar que impulsiona à retomada de uma análise, mas não sempre, e não obrigatoriamente.

Acredito que temos aí uma demonstração do "inconsciente como face do real". Ele desperta, pois se trata de um lapso ou de um sonho que não tem absolutamente nada a ver com o que o sujeito articulou em sua própria análise. Não existe bússola para interpretá-lo. Ademais, quando Lacan diz que pegamos pedaços do real, mostra-nos que o tratamento analítico necessariamente nos deixa numa relação inacabada com o real. O que advém não é algo que nos chega do mundo. É também aquilo que nos chega de nós.

CONFERÊNCIA LATINO-AMERICANAS

A questão inteira, portanto, é como nós nos arranjamos como esse novo real.

Convém diferenciar o que subsiste, restos-sintoma daquilo que conhecemos, daquilo que emerge, que surge de surpresa do real.

É daí que tira sua pertinência a fórmula de "se identificar com o sintoma": a condição é que se retenha que o sintoma se tornou *sinthoma*.

Identificar-se tomando suas garantias, diz Lacan. Isso quer dizer que se trata de um processo que não cessa de se escrever, que não cessamos de verificar. Acedemos à certeza do fim, mas nos perguntamos: "é isso mesmo?". A cada vez que isso advém, nós nos interrogamos acerca da relação com nosso inconsciente, acerca de nossa identificação com o sintoma. Estamos mesmo tão seguros de ter obtido o que uma análise nos pode fornecer? A certeza que provém de uma satisfação de fim pelo sintoma tem consequências para o analista. Creio que ele só enfrentará o que advir se se satisfazer, na sua própria análise, do deciframento do inconsciente.

O analista não é afetado por seu inconsciente quando opera. O que o deixa à distância é o desejo. Mas é pela identificação como sintoma que ele toma distância no que diz respeito ao que advém.

É por aí que me parece pertinente diferenciar a noção de "entusiasmo de fim" e "satisfação de fim". O entusiasmo é pontual. É um signo do fim, e mesmo que possam ocorrer vários momentos de entusiasmo numa análise, é difícil sustentar a ideia de que o analista se sustenta de um entusiasmo.

40

O analista se sustenta de um desejo, mas de um desejo que comporta uma satisfação. A satisfação que marca o fim é uma satisfação criada pelas condições do ato analítico.

Assim, o entusiasmo é limitado no tempo e sua queda não acarreta numa queda do desejo. Por outro lado, gostaria que me dissessem o que acontece caso a satisfação desapareça. Sua queda acarreta na do desejo. Portanto, existe aquilo que necessariamente advém e cai ao fim da análise, mas acredito que o desejo do analista não é afetado contanto que ele encontre uma satisfação em seu trabalho como analista.

ESCREVER O INDIZÍVEL[1]

---

[1] Conferência proferida no Fórum do Campo Lacaniano de São Paulo no dia 17 de maio de 2018. Tradução de William Zeytounlian.

VOU COMEÇAR PELAS MULHERES e pela escrita. Sobre as mulheres e a escrita, eu gostaria de abordar hoje a questão do limite, tentando mostrar a afinidade entre o que Lacan dizia das mulheres e o que ele dizia da escrita. Vou tentar, portanto, responder à questão sobre a especificidade de uma escrita feminina. Tentarei também amarrar essas questões à daquilo que uma análise é capaz de transformar no que diz respeito à relação das mulheres com a palavra e a escrita. Para desenvolver tais temas, vou começar pela relação das mulheres com o amor e com a solidão, que parece distante, mas que, vocês verão, não é.

As mulheres, provavelmente mais do que os homens, demandam a palavra de amor. Contudo, a resposta que lhes vem dos outros as deixa insatisfeitas, pois passa ao largo, nunca é certeira. Se elas demandam amor, é para continuar desejando. Pois elas, as mulheres, sabem que o amor sustenta o desejo. Seja pelo amor ou pelo desejo, as mulheres não fazem laço social somente entre si. De forma geral, elas se colocam a serviço de fazer laço no social. Os homens reconhecem esse saber-fazer das mulheres e é por isso que, muito frequentemente, confiam a elas a tarefa de organizar, para eles, a vida social. Um marido confia essa tarefa à sua mulher, um homem de negócios a confia à sua secretária. Será para

CONFERÊNCIA LATINO-AMERICANAS

desvalorizar a mulher? De modo algum. Antes, trata-se de uma marca de reconhecimento.

Ora, o paradoxo reside no fato de que o laço não exime as mulheres de uma relação muito particular com a solidão. Eis a questão: quem, homens ou mulheres, experimenta mais a solidão? Quem a tolera melhor? Quem a procura mais? Reportemos à experiência concreta dos casais.

Os homens, contrariamente às mulheres, jamais deixam uma mulher para ficar sozinhos. Como se costuma dizer, eles trocam de mulher — daí a expressão "ele trocou de mulher". As mulheres também podem trocar de homem, mas, por vezes, é para ficarem sozinhas, coisa rara para o homem.

A solidão é sobretudo um fantasma para o homem, isto é, ele imagina terminar a vida sozinho, na ruína. É comum que ele se retire para uma solidão de um fantasma a dois quando sonha com os tempos idos de um passado feliz, que o torna saudoso com a lembrança do amor materno. Notemos que, para uma jovem, o amor de uma mãe não é capaz de poupá-la da solidão. Uma jovem experimenta a solidão muito antes do que um rapaz e já sabe que nada poderá vir preenchê-la.

Ela pode acreditar que é pelo amor que podemos preencher a falta de sua existência. Exceto pelo fato de mesmo o encontro amoroso a confrontar com um limite que é, também, aquilo que ela busca. Não é que ela busque alguém que lhe coloque limites. Ela buscar estar *no* limite, na fronteira entre ser ou não ser. Toco aqui na questão do limite.

Lacan a formulou de diferentes maneiras que nos permitem aperceber a afinidade das mulheres com a escrita. Nesse

ESCREVER O INDIZÍVEL

sentido, começo com algumas formulações que nos dão indicações da relação das mulheres com a escrita.

Lacan diz que um homem serve de conector para que uma mulher se torne Outra para ela mesma. Isto indica que, para além do encontro com o parceiro e do que isso produz como efeito de completude, existe o fato de que se produz um encontro com o inédito nela mesma. Trata-se do encontro com o que está nela, mas que lhe escapa, aquilo que a extrai do que era, até então, o mais familiar.

A referência ao homem que serve de conector diz respeito ao encontro sexual. Em seguida, Lacan formula também que o encontro de uma mulher com o homem a faz parceira de sua solidão.

O limite que evoquei é, portanto, o que existe entre o que ela acredita ser e o que ela encontra nela mesma por meio do homem. É também o limite entre ela e a experiência da solidão. O encontro com o limite a faz conhecer o sem limite.

É isso também o que levou Lacan a dizer que A Mulher não existe, mas que elas existem uma a uma. Uma mulher existe estando ela mesma fora do limite, como exceção, fora da norma, na fronteira entre a norma e aquilo que escapa. Eis um dos sentidos da definição de Lacan: a mulher é não-toda no sentido de que aquilo que a faz mulher não pode se inscrever, mas, ainda assim, ex-siste. Ex-siste, mas estando de fora. A inscrição da parte mulher nos seres falantes não é uma inscrição que se faz de uma vez por todas. Ela sempre deve recomeçar. Essa perspectiva implica considerar que uma mulher encontra seu lugar para além das identificações sexuais, que estão sempre ligadas ao que um discurso prescreve como sendo a norma feminina. As identificações servem ao semblante feminino, mas não fazem a mulher. A mulher ser não-toda quer dizer que há nelas algo que escapa ao discurso. O que a diferencia do homem é que ela não pode ser delimitada com significantes.

É aí que aparece o recurso à escrita. Não me refiro à escrita sobre as mulheres, mas a um procedimento da escrita que toca o que é o ser feminino, ser que, por definição, é inalcançável pelo sentido e não inscritível de maneira universal. É um procedimento que foge à ideia de um todo geral, e que provém, antes, daquilo que há de mais singular. Esse procedimento é da ordem de uma experiência e, como tal, sempre única, experiência que tem por finalidade escrever aquilo que não se diz. E se isso não se diz não é porque as mulheres são reticentes em dizê-lo. É que a escrita se situa ali onde a verdade balbucia, lugar do Outro que representa aquilo com que a mulher tem, fundamentalmente, relação.

Essa, ademais, é a tese de Lacan no seminário *Mais, ainda*, no qual ele diz que nada se pode dizer da mulher, o que não é uma definição d'A Mulher, pois a frase diz o contrário: que há uma impossibilidade de encontrar um dito sobre A Mulher. Ali onde Lacan começa a dar uma definição que diz respeito À Mulher, é ali que ele diz que ela tem uma relação com a falta no Outro. Em seguida, ele aborda de forma mais precisa um gozo específico à mulher, que ele chama de "gozo suplementar". O gozo da mulher é uma suplência ao não-toda. Esse gozo a torna ausente de si mesma. Ausente enquanto sujeito, ao passo que o homem não passa de um significante, conseguindo, assim, se apresentar por significantes.

O que caracteriza uma mulher, portanto, é que ela se desdobra, no sentido de que uma parte está ligada a um gozo em relação com o todo, com a lógica fálica, mas uma parte está em outro lugar, ali onde falta o significante.

Volto à questão de saber por que falamos, isto é, por que não nos limitamos a dizer o mínimo estrito. Refiro-me a nossas conversas, de maneira geral. Nós falamos, pois falar é um gozo. E falar em análise? Também é um gozo. É preciso dizer que não se trata de um gozo extremo. Se a análise fosse uma experiência de gozo extremo, todos saberiam e, eu garanto, iam correndo fazer. O que é preciso sobretudo reter é que a finalidade de uma análise é a de passar ao que, do gozo da palavra, pode se escrever para um sujeito. Aqui, evoco uma outra dimensão do escrito. Não o que um sujeito escreve, mas o que se escreve em um sujeito.

Se vamos atrás de uma análise, é porque tem alguma coisa que não vai bem entre os homens e as mulheres. Como suprir, na análise, isso que não se arranja na relação? O inconsciente quer dizer que, em algum lugar, isso se sabe. Há um saber que o sujeito possui mesmo sem dele ter conhecimento. E isso que não se sabe, pode se escrever.

Será o inconsciente uma fonte inesgotável de inventividade e a psicanálise o método capaz de conduzir a seu esgotamento? Algumas pessoas acham isso, a ponto de postular que uma análise faz objeção à criação e, consequentemente, à escrita. Essa não é a opinião nem dos analistas nem dos escritores, que têm, diariamente, a experiência da análise. É na medida em que a análise cava a linguagem para levar o sujeito ao limiar do indizível, que ela constitui um dispositivo que impele à escrita.

Costumamos interrogar as mulheres para que elas digam o que nós não conseguimos dizer. Falência da palavra que algumas conseguem fazer passar à escrita. A prática da análise nos ensina que ela almeja passar do verdadeiro ao real, ao impossível de dizer, ao ponto onde não restam mais semblantes.

É também uma tentativa de certas formas de escrita. Seria uma escrita situada para além da lógica fálica, do universal, dito de outra forma, e para além do fantasma do vínculo sexual forjado pela polaridade na qual cada elemento encontra seu complemento.

Certas formas de escrita que estão no limite têm a ver com a mulher pois ela também está no limite, entre o que se diz e o que não se pode dizer. O que não pode se dizer, como dizê-lo?

É fato que o indizível existe. É um indizível lógico pois sempre falta a palavra que diga o verdadeiro do verdadeiro. O que falta, portanto, é o suporte — e é aí que se situa a dimensão do escrito. O escrito é o verdadeiro suporte da fronteira. Não é que as palavras digam algo diferente daquilo que a linguagem falada. O que conta é o ato de escrever. É um ato que se coloca entre dois, entre fala e letra/carta/o ser [*entre parole et lettre*][2].

---

[2] Nota do tradutor: "*lettre*", além de "carta" ou "letra", é perfeita homofônica de "*l'être*", "o ser". Por todas essas dificuldades de transposição, indicamos o termo francês em suas ocorrências.

ESCREVER O INDIZÍVEL

Da mesma forma que a mulher, portanto, a escrita tem a ver com o entre-dois. Lacan se deu conta disso bem cedo e formulou que a carta [*lettre*] feminiza. Isso está no texto sobre "A carta roubada", onde ele diz que a carta induz um efeito de feminização. Isto para indicar os efeitos de dandismo produzidos naqueles que detêm a carta enviada pelo amante da Rainha a ela.

No texto de Edgar Alan Poe comentado por Lacan, com efeito, os homens de ação adotam em relação à carta uma atitude que compete à mascarada feminina. A carta torna esses homens passivos, no sentido freudiano da feminidade, mas também comporta a emergência do enigma. Do enigma do gozo. Nesse sentido, a carta faz furo, no sentido de que os semblantes são furados. Este efeito de feminização que a carta confere a quem a detém é o que transforma os traços de virilidade em *odor di femina*. O que isso poderia querer dizer senão que a letra/carta comporta a entrada da mulher e prefigura, em seu efeito de feminização, a relação com o gozo? Trata-se, portanto, da entrada de um gozo heterógeno. A letra/carta feminiza o detentor.

O que digo é que existe uma escrita como ato de mulher. Não qualquer escrita, certamente, mas uma forma de escrita que busca apreender o impossível de ser dito, uma escrita que vá além do sentido. Uma escrita que vá contra os semblantes. É um para além da compreensão, do sentido sexual, lugar onde a ausência, ab-senso da palavra [*mot*], *motus*.

Esta escrita para além da significação tem por fim capturar os limites, os pontos de impasses, sem solução. A escrita,

49

CONFERÊNCIA LATINO-AMERICANAS

portanto, é suporte da linguagem, mas um suporte que vai além da fala.

Desse ponto de vista, escreve-se até o ponto onde isso cessa de não se escrever. É preciso, portanto, que a escrita encontre um ponto de parada para o escritor, para que ele cesse de escrever. Note-se que publicamos um texto quando o escrito atinge o ponto onde isso cessa de não se escrever, ponto em que desaparece a necessidade de continuar a escrever. Com frequência, cessamos de escrever pois pensamos na próxima escritura. Apesar de tudo, sempre existe um resto, algo que não cessa de não se escrever. É o impossível. A escrita é um abordo do real [*un abord du réel*], do não-todo fálico, objeção ao universal, portanto.

Com efeito, o escrito não é do mesmo registro que o significante. O significante é feito para fazer laço, um laço de discurso, um laço entre os seres. O escrito não é feito para fazer laço. Ele é feito para produzir efeitos. Ele é feito para ressoar, para comover o inconsciente. Ora, certamente podemos falar acerca de um autor, mas, nesse caso, passamos justamente do escrito à função de laço criada pelos significantes. Aquilo que não pode se escrever, e que leva a dizer, é a ausência de escrita sobre a relação sexual. Isto decorre de haver um impossível de escrever, a relação sexual. Quanto menos podemos escrevê-la, mais nós falamos dela. Pois um escrito fixa e não leva a falar. A escrita é efeito de discurso no sentido em que encontra sua condição em um discurso. Foi o que Lacan abordou com a letra/carta. Ela sai de um discurso que ela mesma

50

elabora e aperfeiçoa. A letra/carta é um precipitado, algo que se larga[3].

Isso nos permite vislumbrar a afinidade com uma mulher, pois, a ela, o ser se furta[4], a estranheza que ela suscita apresenta um enigma e precipita como sem resposta, como sem razão.

A verdadeira subversão provocada pela escrita é quando ela muda de eixo, de centro, quando ela descentra. Eis o verdadeiro efeito da letra/carta. O efeito de escrito naquilo que, em seus jorros, faz aparecer o pare-ser [*par-être*], ser que "passa ao largo" [*être à côté*][5].

O escrito incomoda, contraria o conforto. Ele é uma função da linguagem e aquilo que se escreve é a letra/carta. O escrito faz jorrar a razão da inadequação da linguagem. A letra/carta na literatura deve ser compreendida pelo efeito que ela produz, não por sua significação. A letra/carta é o instrumento próprio à escrita de um discurso. A escrita transforma a língua e produz efeitos de gozo.

A escrita nomeia o gozo. Encontramos na literatura a modalidade de gozo de uma época. A escrita acolhe o gozo, ou seja, as satisfações, emoções e paixões que não encontram lugar naquilo que faz sentido.

---

[3] Nota do tradutor: o autor utiliza aqui uma declinação do verbo "*déposer*", que se desdobra numa gama semântica ampla. "Largar", "apresentar", "depositar", "registrar", mas também "gravar", "escrever".

[4] Nota do tradutor: "*dérober*" se traduz comumente por "roubar", "furtar", "fugir". Mas vale indicar ao leitor, ainda, que *robe* é "vestido", "roupa", o que nos insinua o sentido de um "desnudar".

[5] Nota do tradutor: um pouco mais inventivamente, "*être à côté*" poderia ser algo como "in-ser-teiro".

CONFERÊNCIA LATINO-AMERICANAS

Se evoquei a mulher e a letra/carta, é porque a escrita requer solidão, requer se extrair do Outro, mas acrescentando alguma coisa. Acrescenta-se uma letra ali onde não havia nenhuma. A letra é um litoral entre saber e gozo. Este litoral designa a borda que separa a letra do saber. A letra litoral, assim, desenha os contornos do ser.

É uma separação que não é fronteira. É uma linha que separa, que pertence ao sujeito. É a borda entre o que se nomeia e o inominável. A escrita não vem primeiro. A escrita se faz a partir dali onde se alojou o gozo.

A escrita cava o sentido onde há transformação do gozo, não a repetição do idêntico. O íntimo e o inapreensível de cada um, o âmago do ser se persegue pelos semblantes, mas se apanha, ao menos em parte, pela letra. Aquilo que não se pode dizer, pois as palavras não podem tudo dizer, pois o simbólico é insuficiente — como dizê-lo? A metáfora e a metonímia, bem como o uso neológico da língua, tentam produzir um efeito que não seja de sentido, mas só a letra é marca do real.

Qual é a condição do escrito? A condição do escrito é que ele se apoia em um discurso. Mas sua condição também que é preciso a experiência da falta de um significante, a barra no Outro, a experiência de uma inexistência a qual as mulheres estão mais dispostas a aceitar do que os homens. Elas se confrontaram muito cedo com o vazio enigmático de seu sexo, com o que não se capta pela lógica fálica com a qual os homens foram mais bem equipados.

Em maior ressonância com a falta de medida, com o incomensurável, a mulher, contrariamente ao homem, não se

ESCREVER O INDIZÍVEL

fascina pela contagem. Ela é levada pelo amor, mas o amor fracassa em dar substância ao ser. Portanto, existe o inapreensível do ser mulher. Note-se que o apoio da escrita é um dos produtos da devastação [*ravage*] materna e do malogro [*ratage*] do amor, pois a escrita é refúgio, mas um refúgio que perpetua a solidão.

Frente aos impasses do amor à verdade, surge o recurso à confissão do íntimo, do gozo íntimo. Ora, o que esperam os leitores? O leitor busca o gozo pois sabe que o gozo se apanha pela escrita, sabe que o escritor não se detém no silêncio do "não há nada a dizer". O escritor não se refugia na solidão, buscando fazer-se o passado do gozo ao público. Ele sai do íntimo e, nesse sentido, expõe aquilo que, para alguns, compete ao privado.

Para concluir, farei algumas considerações sobre a letra, tal como Lacan a aborda em seu texto "Lituraterra", mas cujas premissas encontramos em "A carta roubada". Ela é litoral entre saber e gozo, e dessa maneira desenha os contornos do ser. Ela se distingue do significante pois faz furo. A letra desenha uma borda de furo no saber. O poder da letra é o de nomear de maneira distinta do simbólico. A mudança introduzida por "Lituraterra" consiste em que a letra não é abordada nele em suas relações com a significação, mas com o gozo. Lacan utiliza o termo "bifidismo" para designar essa função da letra, separando gozo e saber, não-sentido e sentido, mostrando dessa forma o caráter não recíproco de ambos, o caráter estrangeiro de um em relação ao outro. A letra, portanto, desenha as bordas do furo no saber, e é nesse lugar que ele situa o gozo. Além disso, a proposta de Lacan aqui é a de dissociar letra e significante. Ele não faz a primeira equivaler ao segundo, e não confere uma primariedade à letra em relação ao significante. A letra não vem primeiro — ela é uma consequência. É isso que faz Lacan dizer que a literatura é colocação no escrito daquilo que, inicialmente, era canto e mito falado.

Lacan inscreve a letra em um lugar de borda que separa duas funções: de um lado, o saber; de outro, o objeto *a*, o gozo. A letra, com efeito, é o que não faz semblante. É por isso que ele pôde dizer que só temos acesso ao real pela letra. Isso tem consequências para a análise, pois a proposta de Lacan é a de que aquilo que não cessa de se escrever no sintoma compete à letra, o que supõe uma outra perspectiva para o sintoma, diferente da busca da verdade. Distinção entre literatura e escrita. A letra comanda, transforma. Percebemos, aqui, a afinidade entre a letra e a mulher. Pois ela, a mulher, ela está "entre", entre o cerne da função fálica e esta ausência no centro de si mesma, decorrente da falta de um significante que a represente. É em relação a esse irrepresentável que uma mulher pode experimentar o que Lacan chamará de um "Outro gozo". Um gozo Outro, distinto do gozo fálico limitado. Um gozo do qual nada diz uma mulher, gozo pelo qual ela se experimenta Outra em relação a si mesma. Um gozo-ausência no cerne de si mesmo, mas estrangeiro a si. Quanto a isso, nem o objeto que uma mulher é para um homem, nem o falo como gozo sexual solidário de um semblante são suficientes para abordar o real.

É preciso supor, portanto, que as mulheres estão mais do lado do real do que do semblante. Aqui, o que acompanha uma mulher é a ignorância, ausência de significação ou, ainda, a solidão. Se a simbolização da mulher efetivamente falta, esse gozo em falta de palavras tem a ver com o ponto de falta onde se origina a privação real para ela. Nisso, as mulheres podem amar apaixonadamente o nada de uma paixão mortífera, demonstrando que o significante da feminilidade é um significante foracluído. Outras, por sua vez, são compelidas à escrita. Como diz Hélène Cixous, a literatura é terra de asilo, a possibilidade de pensar nossos próprios limites para melhor ultrapassá-los. Nesse sentido, a vitalidade de um texto tem uma parcela de loucura: ele escapa à razão, ele se autoriza o desarrazoar. É isso que confere potência à escrita, o fato de ela permanecer equívoca, como o diz Hélène Cixous em *Défions l'augure*.

FUNÇÃO E CAMPO OU "FICÇÃO E CANTO" DA PALAVRA?[6]

Gostaria agora de me reportar à escrita chinesa. Marcel Granet identifica muito claramente o momento em que o combate de guerreiros se desencadeia na China[7]. Antes, é preciso consultar as escamas da tartaruga. É ali que se tenta

---

[6] Este segmento foi acrescentado posteriormente à apresentação da conferência.

[7] GRANET, Marcel. *La pensée chinoise*. Paris: Albin Michel, 1934.

CONFERÊNCIA LATINO-AMERICANAS

capturar o índice do momento oportuno. O índice ainda mais determinante, porém, é o que ocorre quando da troca entre os mensageiros dos dois campos. Basta que a voz de um dos mensageiros pareça insegura para que se conclua: "o exército deles (o inimigo) tem medo de nós".

Da mesma forma, uma vez desencadeado o combate, o chefe que melhor conseguiu comunicar sua voz a todo o exército tem mais chances de levar a batalha.

A voz demonstra o que está por detrás daquilo que se diz. De forma mais radical, ela é o suporte do corpo. Poderíamos também evocar o lugar essencial da voz na ópera chinesa. Mas preferimos dar exemplos menos convencionais — mas não menos determinantes — a respeito da voz e do canto na civilização chinesa.

O recurso para a escolha de um príncipe era que passasse na prova de tiro ao arco realizada durante uma cerimônia musical. Não bastava acertar o meio do alvo, mas que a flecha fosse disparada no momento preciso que coincidisse com uma certa nota musical. Se a flecha atingisse o alvo antes ou depois da nota, não valia.

Um outro exemplo extraído de Granet diz respeito aos jogos oratórios pelos quais se adquiria um título de nobreza. Inicialmente, era com um canto que se recebia o representante de uma senhoria vizinha, e era também pelo canto que se fixava o destino dos vassalos. Além disso, as reuniões dos conselhos ao redor do príncipe eram ritmadas por um jogo de provérbios — a decisão final era tomada a partir do que restava, sob a forma de um rebotalho [*rebut*]. Assim, exigia-se

ESCREVER O INDIZÍVEL

talentos oratórios dos conselheiros do príncipe e, na corte, homens instruídos em técnicas de canto foram substituindo progressivamente os vassalos. Pode-se dizer que a música assumiu o controle.

Mas também é possível destacar que o lugar da música ia ainda mais longe, a ponto de deter um poder de vida ou morte. Assim, se um bebê chorasse num tom um pouco estranho, poderia ser um signo de que era preciso sacrificá-lo. Da mesma forma, o primeiro signo de obediência era fornecido quando o bebê ajustava seus primeiros choros ao tom fixado pelo diapasão de um chefe de música do soberano.

De forma mais ampla, o ensino que se recebia na escola era dado por mestres que liam os textos cantando-os, ao passo que, na hora da prova, o que se avaliava era um saber-fazer concernente à decupagem das frases dos autores.

Dito de outra maneira, tão importante quanto atirar as flechas era aprender música, ou seja, saber reconhecê-la e fazê-la passar de um texto escrito a um texto oral. Mas a música também era importante na poesia, pois, além dos sons, visava-se à ressonância, isto é, o que se escuta para além daquilo que se escuta. Dito de outra forma, o que se visava era como o outro é afetado pelos sons. É isso que está presente na interpretação musical em que, como o sublinha François Cheng, junto com a melodia e o ritmo, a diferença é produzida pelas nuances de respiração que nela introduzimos.

Esta relação entre música e poesia é encontrada naquilo que foi designado de efeito cintilante, que não é um mais-sentido [*plus de sens*] produzido pela metáfora. O efeito cintilante, antes, seria um efeito inapreensível, tão inapreensível quanto um som suspenso no ar. Isto talvez esclareça a proposta de Lacan que evoquei agora há pouco: "os poetas chineses não podem fazer outra coisa que não escrever. Se existe algo que dá o sentimento de que eles não são reduzidos nesse aspecto, é que eles cantam, é que eles modulam".

CAPTURAR O INDIZÍVEL[8]

Anne Cheng evoca a concepção de absoluto nas escolas de pensamento chines e destaca que ela só pode ser apreendida num lampejo de intuição[9]. Ela também acrescenta, contudo, que é pelo vazio que apanhamos o absoluto. Quanto a isso, ela também evoca os poetas Tang.

Reportemo-nos outra vez a François Cheng que mostra, a partir dos procedimentos poéticos chineses, como é forjada uma linguagem nova que quebra a linguagem comum. Seu objetivo não é, em si, a ruptura com a linguagem antiga, mas sim — e está nisso o interesse para a psicanálise — aquilo que é possível capturar para além das palavras. Além disso, Cheng diz que o Tang é um canto escrito, o canto ininterrompido que é transmitido há três mil anos.

O lugar da poesia é fundamental por exprimir outra coisa que não a razão, o que Cheng demonstra citando o livro

---

[8] Esse trecho foi acrescentado após a conferência ser proferida.
[9] CHENG, Anne. *Histoire de la pensée chinoise*. Paris: Seuil, 1997.

Cang-lang shi-hua (*Sobre a poesia de Cang-lang*), escrito por Yan-Yu durante a dinastia Song (ou seja, depois dos Tang): "não se enredar no caminho da única razão", "não cair na armadilha das palavras", ao que Cheng acrescenta: "A poesia exprime o que o homem tem em seu mais íntimo".

Aqui, podemos encontrar, em François Cheng, a distinção entre espírito e alma, o que não deixa de nos evocar a distinção entre o simbólico e o real. Com efeito, o espírito arrazoa [*raisonne*], diz-nos ele, evocando o que um humano compartilha com um outro, ou seja, a linguagem, ao passo que a alma ressoa [*résonne*], ou seja, a alma está ligada à criação, ela possui a última palavra e difere, portanto, daquilo que partilhamos com o outro a partir da linguagem.

Que a alma seja o que há de mais real em um sujeito, deduz-se igualmente do livro *Cinq méditations sur la mort*, livro que trata de Benjamin Fondane, poeta assassinado em Auschwitz, no qual François Cheng, ao tratar da "desgraça indizível que deixa sem voz", diz: "atrás de cada corpo há uma alma". Para realizar sua demonstração, Cheng explicita as duas figuras da estilística chinesa. Bi, a comparação, e Xing, a incitação, que seriam, na língua chinesa, o que a metáfora e a metonímia são na retórica ocidental.

Mas em que consiste a especificidade dos Tang? É difícil se abster de fazer uma correlação com a interpretação analítica conforme Lacan a aborda ao fim de seu ensino.

Primeira observação: a economia de linguagem. Para designar a casa dos ricos, por exemplo, basta dizer "portão vermelho". Na mesma perspectiva, temos a redução dos entraves sintáticos especialmente pela supressão os elementos linguageiros de conexão. A ideia é extrair da linguagem tudo o que poderiam ser palavras vazias, como pronomes pessoais, proposições, palavras de comparação e partículas, de modo a capturar o verdadeiro vazio. A dialética, porém, é mais complexa. É possível dispensar as palavras vazias. A questão, contudo, não reside somente na subtração delas, mas em como essas palavras continuam a existir mesmo estando ausentes. Isso cria uma sutileza distinta da simples substituição. É a de uma ambiguidade que deixa a conclusão para o leitor. O poema, assim, é um modelo para a interpretação analítica pois, pela indecisão que engendra, deixa uma suspensão que exige a inclusão do leitor, não para fornecer um sentido, mas para decidir qual é o prosseguimento a ser dado. Semelhante a uma arte do paralelismo que almeja criar uma outra ordem verbal.

Segunda observação: a poesia Tang almeja um ideal de ressonância para além do que é explicitado pela palavra, da perspectiva de um ultrapassamento, com a ideia de capturar o que está fora do escopo da linguagem.

Tomemos o seguinte exemplo citado, traduzido e comentado por Cheng, de um *lü-shi* de Li Shang-yin, intitulado "Citara ornada de brocado". O *lü-shi* é uma das formas clássicas da poesia chinesa, desenvolvida especialmente no período Tang.

I. 1 Citara ornada puro acaso/ eis cinquenta cordas
   2 Cada corda cada cavalete/ lembrar anos floridos

ESCREVER O INDIZÍVEL

II 3 Versado Zhuang sonho matinal/ errar borboleta
4 Emperador Wang coração primaveril/ confidencia
pombinha

III 5 Mar vasto lua clara/ pérolas ter lágrimas
6 Campo Azul sol ardente/ jade nascer vapores

IV 7 Esta paixão pode durar/ devir continuação – memória
8 Só instante mesmo/ já despossuído[10]

Note-se que há aqui uma numeração dupla. Os algarismos romanos indicam o número de versos reunidos em pares; temos, portanto, quatro pares. Cada um dos pares corresponde a um dístico. Os números árabes indicam os versos, que são oito. Há no poema, também, aquilo que é suposto ser conhecido do leitor, isto é, as referências à tradição e aos mitos chineses. No título e no primeiro verso, por exemplo, encontramos a cítara, objeto musical ornado por um brocado. Historicamente, trata-se de um objeto que compreende 25 cordas. A tradição, porém, diz que no início ela possuía cinquenta, mas um imperador fez cortar metade pois não

---

[10] "I 1 Cithare ornée pur hasard/voici cinquante cordes/2 Chaque corde chaque chevalet/ penser années fleuries // II 3 Lettré Zhuang rêve matinal/s'égarer papillon /4 Empereur Wang cœur printanier/se confier tourterelle // III 5 Mer vaste lune claire/perles avoir larmes/ 6 Champ Bleu soleil ardent/jade naître fumées // IV 7 Cette passion pouvoir durer/devenir poursuite –mémoire/ 8 Seulement instant même/déjà dépossédé".

CONFERÊNCIA LATINO-AMERICANAS

aguentava a música por demais comovente tocada por uma de suas favoritas.

A cítara, portanto, está no lugar do *shifter*: ela substitui o "Eu" do poeta. Em seguida, a corda e o cavalete são termos que remetem ao sexo: a corda ao sexo feminino e o cavalete, ao sexo masculino.

A ambiguidade do primeiro dístico consiste em que não sabemos se é ou não uma experiência vivida, se trata da nostalgia de um amor antigo ou da busca de um novo amor.

Os dois dísticos seguintes são paralelos, vêm lado a lado, isto é, que os versos três e quatro, por um lado, e os versos cinco e seis, por outro, comportam uma correspondência na organização, o que permite uma comparação implícita e uma leitura reversível. Isso é possível por conta de uma estrutura em que predomina a elipse. A comparação se deduz, por exemplo, no dístico dois, em que o Imperador Wang tem com a pombinha a mesma relação que o versado Zhuang com a borboleta. A leitura reversível é possível pela ambiguidade entre o sujeito e o objeto, o que exclui a possibilidade de saber em que sentido opera a progressão da frase. Com efeito, por exemplo, não temos como saber quem está em posição de sujeito e de objeto, o versado Zhuang ou a borboleta. Isso retoma um tema clássico da filosofia chinesa, abordado pelo filósofo Zhuang-zi que, ao despertar de um sonho em que, vendo-se transformado em borboleta, pergunta-se se é ele quem sonha ser uma borboleta ou se é a borboleta que sonha ser Zhuang-zi. Depois, a relação entre o Imperador Wang e a pombinha, onde não sabemos quem é quem, possui equivalência com a do versado Zhuang e a borboleta. A este se acrescenta um outro nível de paralelismo, relacionado ao contexto da língua chinesa. Assim como a borboleta, a pombinha remete ao sexo feminino.

Este outro nível faz pensar que a antiga paixão perdida por uma mulher — uma das possibilidades introduzidas pelo primeiro dístico — pode se transformar, tornar-se outra coisa e, portanto, pode ser redescoberta. Assim, não somente o Imperador se transforma em pombinha — ou essa em Imperador, como Zhuang-zi sonhou com a borboleta ou a borboleta sonhou que se tornou Zhuang-zi —, mas também o Imperador e Zhuang-zi se substituem, também por analogia, pelo autor do poema. Estes dois dísticos preparam o terceiro, no qual a combinação de mar e campo remetem à ideia de transformação, ademais associada aos mitos que a língua chinesa veicula. A jade, por exemplo, pode provir do grão semeado no campo, mas também permitir que se despose uma moça.

Deixo de lado outras combinações possíveis para as quais o poema no abre. Quero apenas sublinhar o seguinte, que se a lua e o sol remetem ao tempo, pérolas e jade podem remeter à harmonia de um casal, mas também a uma mulher bela morta. A relação entre a lua e o sol, por um lado, e das pérolas e da jade, por outro, permite capturar que se trata de termos cuja equivalência está colocada de maneira vertical. Dito de outra maneira, a leitura do poema exige, paralelamente a uma possível leitura reversível, uma leitura vertical. Isso supõe um conhecimento das imagens que a língua veicula, mas para

CONFERÊNCIA LATINO-AMERICANAS

além de uma escansão do ritmo, e é aí que aparece o desejo subjacente que atravessa o conjunto do poema. É o que se confirma no último dístico, que interroga sobre a duração da paixão, remetendo à cítara, mas também ao Imperador Wang, ou seja, ao próprio poeta, pois, como demonstra Cheng, a palavra paixão se pronuncia igual ao nome do Imperador Wang. À ambiguidade e aos diferentes níveis de leitura se associa uma indeterminação temporal, própria dos verbos chineses, que não exprimem o tempo, sendo este determinado pela associação de partículas. O autor, porém — e seu caso não é o único —, opera uma omissão dos elementos que podem indicar o tempo. É isso o que faz de Li Shang-yi, segundo Cheng, o autor Tang que "mais conscienciosamente buscou a ambiguidade dos tempos: tempo vivido e tempo de evocação". Essas ambiguidades não constituem, porém, uma prática centrada na impossibilidade de concluir. Prova disso é que é pelo cruzamento de ambiguidades que uma coerência do conjunto se torna possível e que o aparente ilogismo abre lugar para a emergência não de um sentido novo, mas daquilo que constitui a lógica interna na base do poema, a paixão por uma mulher.

É interessante correlacionar esse resultado à finalidade da interpretação analítica enquanto desprovida de sentido, cujo efeito não seria o de uma nova produção de sentido, mas um efeito de buraco. Com efeito — e por essa via — a interpretação, em sua visada, é poética. Eis um paradoxo, pois se trataria de um furo, mas que impele à escrita do sintoma.

64

O ANALISTA E A SUBJETIVIDADE DE SUA ÉPOCA[1]

---

[1] Conferência proferida no Fórum do Campo Lacaniano de Belo Horizonte, em 27 de novembro de 2021.

VOU FALAR DO ANALISTA e a subjetividade de sua época. O discurso da ciência e o discurso capitalista mudaram o discurso social e isso produziu efeitos no discurso político. Também o discurso político, associado ao discurso da ciência, traz consequências ao modo como cada um toma posição no mundo atual. Essa época põe particularmente em evidência a maneira como o discurso político e o discurso da ciência estão desorientados. Há um discurso de desorientação, frequentemente contraditório, nas mãos dos cientistas que, frequentemente, estão perplexos no mundo em que estamos vivendo.

Temos muitos exemplos disso. Um deles é o que estamos vivendo com a pandemia. Mas tem outros: o da estrutura familiar. Como o discurso científico mudou as estruturas da família? Durante séculos, pensava-se que a natureza era o real. As modificações na ciência demonstraram que o que antes era impossível, não o é mais. Isso demonstra que a natureza e o real não são a mesma coisa. A ciência mudou, trocou aquilo que parecia imutável. A ciência provocou efeitos sobre a natureza.

Historicamente, há um postulado religioso que se pode resumir assim: a natureza é um real que depende da vontade divina. Vê-se aí, portanto, a associação entre a natureza e a religião. Mas isso mudou com a ciência. Mudou no ponto

CONFERÊNCIA LATINO-AMERICANAS

em que ela teve efeito no modo pelo qual os seres humanos se reproduzem; provocou efeitos na família e teve efeitos também na identidade sexual. Isso é importante pois tem de se levar em conta todas estas transformações para entender como se funda a prática da psicanálise no século XXI.

A pergunta que eu quero essencialmente tratar é: como, em nosso século, os corpos se mantêm unidos uns aos outros? O que faz com que os corpos se unam, que não funcionem cada um de modo separado?

Tem um discurso que faz a promoção do agrupamento dos corpos: é o discurso político. O discurso político promove as identificações. Quer dizer, um grupo tem de estar unido em função de uma identificação e a pessoa que não tem essa identificação deve ficar fora. É o que, com Lacan, se chama "segregação". Portanto, vê-se como o discurso político, por um lado, promove as identificações — as identificações com um grupo — e, por outro, promove a segregação. Isso graças a uma ideia comum que é o ponto de identificação com o grupo e um ponto de identificação com um gozo comum. No discurso atual, o que reúne esses grupos, cada grupo desses, portanto, é a homogeneidade de gozo: o mesmo gozo para todos. Aqueles que não têm esse mesmo gozo devem ficar fora. Aí se encontram a ciência e o discurso capitalista: são as virtudes do mesmo gozo para todos.

E a ética da psicanálise com tudo isso? A ética da psicanálise vai na contramão de todo esse discurso que é a convergência da ciência e do capitalismo, pois a ética da psicanálise é uma ética da diferença absoluta. Ética da diferença absoluta

O ANALISTA E A SUBJETIVIDADE DE SUA ÉPOCA

não quer dizer "cada um com seu gozo", mas que existe um gozo de cada um que não pode ser comum a todos os outros. Isso é a diferença absoluta. É isso também que Lacan nos diz do desejo do analista. O desejo do analista é um desejo de obter a diferença absoluta.

Assim sendo, vou dar alguns exemplos de nossa atualidade. Ela está atravessada pelos problemas que se criaram com os avanços científicos, que trazem problemas para o discurso político.

Tomemos como exemplo, na França, a Procriação Medicamente Assistida. Nesse momento está autorizada a doação de esperma de um sujeito transsexual, mas está proibida a doação de esperma de um homossexual. Tudo em relação à doação está permitido aos transsexuais, mas não está permitido aos homossexuais. E isso está mudando com novas leis que vêm aparecendo.

Trata-se do chamado "mercado de óvulos".

Na França, é preciso esperar três anos para obter um doador de óvulos. E o que é interessante — são coisas que os analistas têm de conhecer para saber o que está acontecendo no âmbito social — é que os óvulos são pagos. Tem-se de pagar e o preço muda em função da cor da pele da doadora. Isso quer dizer que se a doadora, por exemplo, é alguém que tem um diploma e a cor da pele é branca, paga-se até 5 mil euros para se obter um óvulo. Por outra parte, por exemplo, os casais de lésbicas vão encontrar mais dificuldades para obter uma inseminação artificial do que os casais homossexuais masculinos.

CONFERÊNCIA LATINO-AMERICANAS

Há toda uma quantidade de problemas que a ciência coloca nesse momento que são atuais da ciência e são também problemas políticos, o modo como a política trata esses problemas. A questão é que os políticos têm que levar em conta o discurso religioso. É aí que aparecem os problemas.

São questões que também são feitas aos psicanalistas, pois há casos — não sei no Brasil, mas seguramente na França — de mulheres que querem ter filhos sem ter um parceiro, ou homens que querem ter filhos sem ter uma parceira mulher. Ou seja, todos estes problemas são problemas atuais na construção da família: os efeitos da família no discurso social.

Daí, uma questão surge para a psicanálise: qual é a posição dos analistas em relação a todos estes debates? Estes debates têm efeitos no desejo, no nível do desejo, porque o desejo atual está determinado por "eu também tenho direito". Esse é, digamos, o primado do sujeito atual: "eu também tenho direito a isso".

Dito isso, onde ficam todos os debates sobre o Édipo, onde ficam todas as nossas concepções do Nome-do-pai, com todos as modificações na subjetividade de nossa época?

A criança, em certos casos, é considerada um instrumento financeiro. Por exemplo, um chinês que queira transferir seu patrimônio para o Japão não pode, pois a lei do país não o permite, não se permite a um chinês obter a nacionalidade japonesa. A solução que encontraram na China é utilizar o material genético de um chinês (o esperma), colocá-lo no ventre de uma mulher japonesa fazendo, assim, que a criança

70

O ANALISTA E A SUBJETIVIDADE DE SUA ÉPOCA

tenha as duas nacionalidades. Ou seja, desse modo, por meio da compra de um útero, compra-se, ao mesmo tempo, uma nacionalidade e o sistema político de outro país. Dito de outro modo, todo um sistema financeiro se criou com os avanços da ciência.

A questão, portanto, é a seguinte: quais são — no fundo, essa é uma questão ética geral que se perguntaram os filósofos, mas que também levam os analistas a refletir — os limites da liberdade?

Achamos que tudo é possível se a ciência o permite, pensamos que podemos transformar tudo, a ponto de transformarmos o corpo em um objeto. Seria o corpo um objeto de consumo como qualquer outro? Acho que essas são perguntas que os analistas devem se fazer. Alguém pode dizer: "eu sou livre com o meu corpo". Mas até onde fica esta liberdade se se aceita a ideia do limite da minha liberdade como "não tenho direito sobre o corpo do outro"? Entretanto, as condições sociais fazem com que aqueles que estão em situações precárias tenham de entregar seu corpo para poder viver. Vejam, por exemplo, os imigrantes, todas as situações que têm que viver os imigrantes, sobretudo da África, que vêm para a Europa, mas não só, de outros países do Oriente Médio que vêm para a Europa: eles pagam com a vida para poder alcançar um direito que a gente que vive na Europa já tem como adquirido.

Assim, por um lado, existem progressos científicos e, por outro, uma liberalização dos comportamentos quanto ao corpo, e ao uso que se faz do corpo. Ao mesmo tempo,

CONFERÊNCIA LATINO-AMERICANAS

porém, assistimos a um fenômeno que consiste em se tomar o corpo como um objeto.

É também o que às vezes se vê naquilo que se chama de "transumanismo". O transumanismo se ocupa de estudar como existe a possibilidade de aumentar o humano. Essa é a definição: "aumentar o humano". O que fazer para produzir, inclusive, a imortalidade? Isso também tem implicações em nível desportivo: como se aumenta a performance esportiva, a ponto de utilizar atletas como objetos e não como sujeitos?

Assim, a pergunta continua sempre a mesma: se não há nenhum limite ao corpo, se o único limite é o limite colocado pela genética, então seria possível permitir um mercado do corpo humano?

Agora, vejam bem, a psicanálise tem uma posição. Tem uma posição que é a de excluir o corpo como objeto de consumo. Pois para a psicanálise o corpo é, antes que mais nada, um corpo relativo à pulsão. Portanto, não é só um objeto. O corpo relativo à pulsão é, segundo a definição que dá Lacan, um eco no corpo do fato de que há um dizer. Isso quer dizer que existe a necessidade de que haja um dizer do Outro que faça eco em um corpo biológico para transformá-lo em corpo simbólico. Assim, o interesse para nós é a elaboração que podemos fazer de novo (novidade?) quanto ao que é um corpo e como os corpos se mantêm unidos uns aos outros.

Lacan tem uma ideia, apresentada em seu texto "Televisão", a de que, historicamente, o analista vem a ocupar o lugar do médico, quer dizer, o lugar daquele que se ocupa de como as palavras tocam o corpo. O discurso analítico é um discurso

— um novo discurso — inventado pelo encontro de uma histérica que sofre com seu corpo. Assim, o corpo tem um suporte, mas o discurso analítico tem efeitos sobre o corpo.

Esse dizer da pulsão é transformado no discurso analítico, o que demonstra como o discurso analítico não trata o corpo como um objeto. Pode-se dizer que não é possível pensar no corpo sozinho, no corpo de modo isolado. O que interessa à psicanálise é a relação de um corpo com outro corpo, a relação corpo a corpo. É por isso que a psicanálise é uma relação de corpo a corpo. Ela é praticada entre dois parceiros, cada um com seu corpo.

Assim, acredito que o retorno de Lacan a Freud é um retorno à questão do corpo. Lacan o diz muito claramente quando fala sobre por que um sujeito faz uma análise. Um sujeito faz uma análise porque tem algo que está desarranjado com seu gozo. "Uma coisa que está desarranjada com o gozo" quer dizer que, necessariamente, o discurso analítico tem a ver com o modo com que cada sujeito goza com seu corpo. Lacan insiste que, para a psicanálise, o interesse é apreender o que é o mais-gozar de cada sujeito. Podemos ver aqui a distinção da posição da psicanálise, por um lado, e do discurso da ciência e da política, por outro.

Eu falei da associação entre o discurso político e o discurso científico. Eles têm como função criar uma ditadura do mais-gozar. Um empuxo ao mais-gozar. Mas o que o empuxo ao mais-gozar fabrica é a insatisfação, a insatisfação do sujeito moderno. Para essa subjetividade, trata-se de como consumir mais, como obter esse mais-gozar.

CONFERÊNCIA LATINO-AMERICANAS

A psicanálise tem uma proposta diferente, que é tratar esse mais-gozar não em termos de uma promoção do consumo. Nesse sentido, entendo por que Lacan fala que o discurso analítico permite a saída do discurso capitalista. Isso não quer dizer que a psicanálise fará o que o marxismo não pôde com o discurso capitalista. Isso quer dizer que o discurso analítico trata a mais-valia do gozo, introduzida por Marx, de um modo diferente do que o discurso capitalista.

Lacan se referiu o tempo todo à análise como uma confrontação de corpos. É uma dimensão existencial, pois os corpos se unem a partir de um discurso. Os discursos fabricam os modos como os corpos se encontram. Por isso falei há pouco da diferença entre discurso político, que promove a identificação e a segregação, e o discurso analítico que liga o corpo de outro modo. Liga o corpo com o objeto *a*. Não o objeto *a* como mais-de-consumo, mas o analista posto no lugar do objeto *a*, como semblante de objeto *a*. É essa a razão pela qual analisante e analista ficam ligados como corpos. Muitas vezes nos perguntamos por que um analisante continua a vir? Ele vem da primeira vez, da segunda e da terceira... mas por que fica? Podemos dizer que ele fica em razão do sujeito suposto saber. Sim, é verdade, um analisante fica em análise porque existe, entre ele e o analista, o sujeito suposto saber. Mas, como explicar que, mesmo depois da queda do sujeito suposto saber, quer dizer, ao final da análise, o sujeito continua a vir à análise? Existe uma parte da análise em que o sujeito continua, ainda que não haja mais o sujeito suposto saber. Eu acho que isso se explica assim: é porque o sujeito está ligado, em seu corpo, com o corpo do analista. Tem dois corpos ligados com o objeto *a*. Isto é, uma vez caído o sujeito suposto saber, ainda fica o objeto *a*.

Podemos dizer que nossa humanidade visa romper os limites, os limites da natureza, os limites do simbólico. Incluímos aí a dispersão da família e as modificações no corpo, que vão até cirurgias estéticas. A gente empurra os limites da cirurgia estética cada vez para mais cedo, com mais e mais objetos de modificações no corpo, até produzir um corpo perfeito. Isso é o "transumanismo" e o "aumento do humano". Isso quer dizer que temos aí um corpo tratado inteiramente como objeto de consumo. E, ao mesmo tempo, isso tem uma contrapartida. Há um estilo de vida em nossa atualidade que é o de produzir a falta de desejo. De forma geral, e frequentemente, mas mais ainda com a situação da pandemia, as pessoas falam que estão exaustas, cansadas. O que quer dizer "estar cansado"? Estar cansado quer dizer "não ter desejo".

Dessa forma, por um lado, existe essa ditadura do mais--gozar, mas, ao mesmo tempo, produz-se uma perda no nível do desejo. O que se fabrica, então, não é só um novo corpo, mas um novo estilo de vida que está marcado pela anorexia no nível do desejo. A anorexia do desejo consiste em que, quanto mais se propõe objetos, mais o sujeito diz: "não, estou cansado". "Cansado dos objetos que me propõem", de certo modo.

Nesse sentido, a ética da psicanálise é uma ética do desejo. Uma ética que leva em consideração o corpo, mas, sobretudo,

CONFERÊNCIA LATINO-AMERICANAS

que leva em consideração a relação do corpo com o inconsciente. Essa é a diferença fundamental que introduz o discurso analítico: levar em consideração o inconsciente.

Em todos esses debates sobre o gozar sem limites no corpo, a resposta da psicanálise é: há que se interrogar o inconsciente. O que quer o inconsciente? E o inconsciente de cada um responde de um modo diferente. Aí está a diferença absoluta.

Há que encontrar a singularidade da resposta do inconsciente às subjetividades de nossa época. A subjetividade de nossa época não é só como o analista toma posição, o que é importante, mas, sobretudo, é como tomar posição não fazendo uma política de predição. A psicanálise não faz predição. Agora, o problema é que tem analistas que fazem predições. A predição de alguns analistas, por exemplo, é que todas as modificações que produzem a ciência são modificações graves porque podem afetar a estrutura do Édipo. Isso quer dizer que existem analistas que consideram que a criança tem necessidade de uma mãe e de um pai. Em primeiro lugar, Lacan não falou isso. Quando fala do Nome-do-pai, Lacan não está falando que existe a necessidade de uma mãe e de um pai. O significante do Nome-do-pai pode vir ao sujeito através de um casal homossexual. Nada assegura que casais heterossexuais vão garantir a existência do Nome-do-pai.

Assim, termino aqui a questão do inconsciente.

Outra pergunta é: como se fazem as crianças hoje? Há, é verdade, um modo de fazê-las que é a programação sem levar em consideração o inconsciente. Essa é a única situação

76

em que o analista pode falar que isso pode criar problemas, não escutar o inconsciente. O analista, entretanto, não toma posição de predição sobre a necessidade da heterossexualidade, da homossexualidade, bem como da transexualidade.

Na realidade da subjetividade de nossa época há outra pergunta que é feita ao analista: como produzir o bem-estar das pessoas? Esse também é um problema para a psicanálise, pois tem gente que começa a análise e, ao cabo de um certo tempo, diz: "é suficiente para mim, pois já estou com bem-estar".

A psicanálise não se ocupa do bem-estar. Não se ocupa da harmonia com o próprio corpo. A análise se ocupa da relação com o que está desarranjado, como falei antes. Então, o que interessa à psicanálise, desde sempre, desde sua invenção até agora, é o que afeta o corpo. O verdadeiro traumatismo é *lalíngua*, quer dizer, como *lalíngua*, que é o modo como se transmite para cada um a linguagem, produz uma marca no corpo. Isso necessariamente produz uma singularidade. É a marca traumática fundadora do sujeito. Nesse sentido, a análise não se interessa pela coletividade — ela se interessa é pelo modo como cada sujeito, em sua singularidade, pode encontrar um lugar na comunidade.

Volto à questão da família e a certas orientações de psicanálise. Eu falei anteriormente que algumas orientações de psicanálise, ainda que não levem em consideração a anatomia, quer dizer, ainda que aceitem o fato de que um ser humano é algo mais que a anatomia, acham que a lei do sujeito é o Édipo. Elas consideram que o Édipo é o suplemento que vem completar a natureza. Essa proposta de uma certa orientação

CONFERÊNCIA LATINO-AMERICANAS

de psicanálise está baseada na diferença sexual, está baseada na identificação, o que não é a proposta de Lacan.

A proposta de Lacan é que a identidade sexual é uma identidade não pela identificação, mas é uma identidade sintomática com o gozo. Nesse sentido, não existe normalidade sexual. Essa é a proposta da psicanálise. Lacan não somente falou que a relação sexual não existe, mas de certo modo também falou que não existe identidade sexual, quer dizer, que cada um tem que fabricar para si a própria identidade sexual. A própria identidade sexual está dada pelo modo como cada sujeito inventa seu sintoma. Assim, a análise participa da identidade sexual, participa porque a análise permite ao sujeito aceder a uma identidade com seu sintoma. Essa identidade não é a mesma coisa que a identidade com um grupo, não é a mesma coisa que a identificação com um grupo proposta pelos políticos. É uma identidade de separação.

Dito isso, a questão que retomo é: será verdade que uma criança tem necessidade de um pai e de uma mãe? Seguramente uma criança tem necessidade do desejo do Outro. Isso é uma tese que Lacan sempre manteve. O desejo do sujeito é a marca do desejo do Outro. Portanto, ele tem necessidade dessa marca do desejo do Outro. Mas Lacan fala de uma operação na produção de um sujeito. Operação que Lacan, em "Posição do inconsciente", chama de operação de causação — como se causa um sujeito —, o que é que causa um sujeito. Quando Lacan fala de causação do sujeito, isso quer dizer que não só a imagem especular é necessária, tampouco só a linguagem é necessária, mas o que funda o ser humano é a separação. E de certo modo se pode dizer que o lugar da psicanálise no nosso mundo vai no sentido contrário da política na medida em que a política promove a unificação, a união dos todos iguais, todos pensando a mesma coisa. A análise promove a separação. O sujeito separado não é um sujeito que vem ao analista. O sujeito que vem ao analista é um sujeito que ainda não alcançou fazer completamente a separação do Outro.

Assim, é importante levar em conta que Lacan tomou posição em relação à ciência de sua época. Em "A ciência e a verdade", nos anos 60 – já faz quase 60 anos... –, Lacan falava de inseminação artificial. Já estava falando nisso naquela época. Ele fala na necessidade, para a ciência, de que ela leve em conta a psicanálise, pois a psicanálise reintroduz o Nome-do-pai. Reintroduzir o Nome-do-pai, o que isso quer dizer? Quer dizer introduzir a diferença, introduzir que não todos os sujeitos devem ser tratados de um modo igual, como é a proposta científica.

Mas, por que Lacan fala que a psicanálise "reintroduz o Nome-do-pai na consideração científica?". Por que Lacan fala em "reintroduzir" e não em "introduzir"? Porque introduzir, uma primeira introdução do Nome-do-pai, quem faz é a religião. Santo Agostinho introduz, em relação à natureza, a noção de que há um limite, e o limite, como falei antes, o limite é Deus.

Assim, todo o debate atual é: que ideia faz a psicanálise dessa colocação de Lacan, "a reintrodução do Nome-do-pai", na medida em que essa reintrodução não quer dizer introduzir outro Deus? Introduzir o simbólico ali onde a religião colocou Deus é um debate frequente em Lacan.

No texto "Televisão" Lacan fala da relação entre a psicanálise, a ciência e a religião; e fala da questão de que há um saber no real. Ele toma o exemplo de Newton, que explicou a queda dos corpos. Uma pergunta era feita a Newton: os planetas sabem a que distância têm de ficar uns dos outros? Como os planetas sabem que têm de ficar a certa distância uns dos outros? Resposta de Newton: isso só Deus sabe. Isso quer dizer que, aquilo que a ciência não sabe, é Deus que o sabe.

Isso implica que em nosso debate atual a posição do analista não é a de dizer que, aquilo que não se sabe, é Deus que o sabe. A posição do analista é: o que não se sabe, está no inconsciente. Por isso Lacan falou "Deus é inconsciente".

A posição do analista é tomar os casos um a um, sem rejeitar a ciência, pois há avanços científicos que se devem levar em conta enquanto real. Mas ali onde a ciência fala de um saber no real, que é o saber dos planetas, e os matemáticos tentam encontrar a fórmula matemática, o analista orienta o tratamento com a ideia de que há um real. O real é o modo como *lalíngua*, em cada sujeito, se incorporou. E o inconsciente é o que se elucubra como saber sobre esse real.

O analista, em cada caso, sem avançar sobre as condições simbólicas, senão em relação ao desejo inconsciente de cada um, tenta decifrar o gozo de modo tal a produzir uma identidade final de gozo em cada sujeito. É uma proposta que aqueles que ficaram até o final da análise puderam aceder e, se isso foi possível para alguns, tem de ser possível para muitos mais.

Kátia Botelho (retoma pontos da conferência e do texto ao qual teve acesso; ao final, faz a seguinte pontuação após suas perguntas): Vou retomar a mesa de abertura da jornada em que uma pessoa apresentou um trabalho falando de uma "subjetividade branca", advinda do racismo estrutural, que tem séculos de existência, marcado pela diferença de raça e cor, gerando entre nós um racismo segregador que carrega consigo consequências danosas para os sujeitos de pele negra. Há um movimento intenso acontecendo, pelo menos no Brasil, de reposicionamento, de alerta e convocação para uma nova consciência negra, movimento que vem se presentificando entre nós, socialmente. Acontece que essa "subjetividade branca" está tão tomada por uma posição alienada de todos que estão nessa categoria, frente à segregação dos negros, que se faz necessário acender uma chama de reflexão. Ou seja, chamar para uma revisão de nossos preconceitos raciais há muito tempo naturalizados entre nós e, portanto, tornados comuns. Ficamos alienados. A crítica e a provocação que a colega nos trouxe apontou os analistas, em sua maioria brancos, como responsáveis ética e politicamente por repensarem esse lugar privilegiado que ocupam, os analistas brancos. E os convoca a se implicarem política e eticamente nesse processo de segregação racial tão forte, pelo menos na sociedade brasileira. Então, a partir disso, fazemos parte dessa alienação racista. Queria ouvir as suas considerações a esse respeito, pois tem um momento que li em seu texto, embora você não tenha trazido aqui, em que também há uma menção ao racismo. Queria ouvir de você as implicações éticas para a prática efetiva da psicanálise tanto no Brasil quanto no mundo, pois o racismo existe no mundo inteiro. Vou fazer uma pergunta provocativa: a psicanálise é branca? Me lembrei de um texto da Colette Soler em que ela fala que todo discurso é segregador. Podemos então nos perguntar: o discurso analítico também tem esse viés de segregação?

Luis Izcovich: Obrigado pela leitura que você fez dos textos e do que você escutou de minha fala, e pelas perguntas que você faz, que são muito importantes. Antes de tudo, o problema não é só no Brasil. Vou dar um exemplo apenas, o de uma analisante cujo pai vem da África e a mãe é europeia, portanto, um casal misto... Ou seja, fisicamente se vê que ela não é uma francesa típica. É uma artista bastante conhecida aqui na França e lhe fizeram uma pergunta sobre os transsexuais em uma entrevista na televisão. Ela falou que não via nenhum inconveniente que haja sujeitos que façam a escolha de ser transexuais. Depois disso houve uma chuva de mensagens nas redes sociais acusando-a por essa frase, mas, sobretudo, um discurso racista. Foi então que ela me falou: "se eu fosse branca, seguramente as pessoas não iam me falar do mesmo jeito". Assim, é verdade que tem uma coisa com a cor. Eu mesmo falei do exemplo dos óvulos que custam mais caros se forem de brancas, mais caros do que os de negras. É verdade que existe, no fundo, uma segregação de mestre. Aqueles que estão em posição de mestres decidem o que tem que segregar ou não. Nesse sentido eu acho que... vou pensar na sua pergunta... se o discurso analítico promove uma segregação. Porque, para mim, o discurso analítico vai contra a segregação. Um discurso que promove a diferença absoluta não é um discurso de segregação, ele vai ao contrário da segregação, mas se você disse que tem uma coisa de segregação na psicanálise, eu vou pensar. Imediatamente eu diria "não", mas vou pensar.

Kátia Botelho (toma um texto de Colette Soler e lê): "para mim se coloca a questão de saber se o discurso analítico pode ser não segregativo. Sem dúvida, é discriminatório, como todo discurso, mas como pode evitar de ser segregador?".

Luis Izcovich: O discurso analítico acolhe, em princípio, a todos. Então, você vai ter que perguntar isso para Colette Soler, eu não posso falar por ela.

Rosana Baccarini: Ontem tivemos uma discussão muito acalorada e rica sobre a segregação, e também sobre a política. Lacan, quando fala do ato analítico, faz uma analogia e destaca o ato revolucionário, quando toma Rimbaud para falar de uma nova razão, que é o ato que permite a irrupção de um novo desejo, diferente de guerra, diferente de segregação, do extermínio e destas questões que estamos vivendo hoje. A questão é que a psicanálise tem aportes diante disso, embora ela não vá promover a movimentação revolucionária, como aconteceu por exemplo nos EUA com o movimento "vidas negras importam" a partir daquele assassinato, e como tem acontecido aqui, pois aqui há um movimento de extermínio de pobres, negros, movimento de morte, mesmo. Portanto, esse movimento precisa de resposta, de falar disso. Eu queria que você pudesse diferenciar a posição do analista quando há uma ruptura política, como Freud que diante do nazismo se declarou judeu. O ato revolucionário pode instaurar um novo desejo, uma mudança de discurso, e fazer frente ao que do discurso capitalista vem tão forte? Ele instaura um novo desejo?

Luis Izcovich: A pergunta não é fácil, pois Lacan não disse sempre a mesma coisa. É verdade que ele fala do ato revolucionário, como o ato que traz uma coisa nova. Mas ao mesmo tempo, fala do ato revolucionário como um ato depois do qual tudo volta ao estado anterior. Então Lacan, por um lado, fala de um modo positivo da revolução, mas ao mesmo tempo não acredita na revolução. Por isso ele diz: não existe o progresso. Quando ele diz isso, está falando que não há de se ter muitas ilusões no nível político, achar que com a política as coisas vão mudar radicalmente. Então, a pergunta é: por que Lacan, quando fala de subversão — pois ele fala disso — ele a coloca do lado do sujeito? Isso quer dizer: é verdade, uma análise tem de ser revolucionária no sentido de promover a subversão subjetiva. Mas não podemos ter a ilusão de que a psicanálise vai fazer uma nova revolução ou que vai produzir sujeitos revolucionários que vão mudar o mundo. O sujeito subversivo, para a psicanálise, é aquele que subverte a si mesmo.

Rosana Baccarini: Sim, concordo. Mas a gente tem o que dizer disso, da contribuição que a gente pode dar. Da gente poder repensar essas questões mais gerais, nesses momentos que não são da política ordinária. São momentos de ruptura, como foi no nazismo e como estamos vivendo nesse momento agora. Muito obrigada. Acho que vai clarear as nossas discussões a partir daí.

Zilda Machado: Muito obrigada pela sua conferência, Luis. Ela clareou e nos ajudou em muitas coisas que estamos discutindo desde ontem. De fato, como as colegas colocaram, foram discussões acirradas, difíceis pois, como Lacan diz, na Babel das línguas, algo nos arrasta para outros discursos. É difícil sustentar o discurso analítico mantendo a ética da psicanálise no leme. E eu acho que a sua resposta agora foi muito interessante, pois você falou da subversão que a análise provoca "no sujeito". Isso, sim, é revolucionário. Advém daí a posição política que cada um pode alcançar com a própria subversão que é capaz de fazer a partir da sua experiência com o saber sem sujeito que opera nele. Aí, ele pode fazer um corte, como você disse em Fortaleza, há algum tempo. Um corte com a programação inconsciente, isso sim é, de fato, criar algo novo. Isso sim é que é atravessar o Rubicão e chegar diferente ao outro lado. E aí sim esse sujeito, capaz de sustentar uma posição singular, de fala, dessa cor encarnada, mais do que uma cor branca, negra, amarela, poderia ser revolucionário e fazer mais efeitos como contribuição da psicanálise na civilização. Eu gostaria de fazer uma pergunta sobre

CONFERÊNCIA LATINO-AMERICANAS

uma questão que você trouxe logo no início da sua fala: o que mantém os corpos juntos? Eles são mantidos juntos pela identificação ou pela segregação, que o próprio poder político pode fazer? Mas e os outros corpos, esses que se beneficiaram da transmutação que a psicanálise pôde operar neles próprios, como é que esses corpos podem se manter juntos?

Luis Izcovich: Obrigado pela pergunta porque é muito importante para pensar a estrutura de uma sociedade não segregativa e, ao mesmo tempo, se fazer a pergunta sobre a função e o modo de funcionamento de uma instituição analítica. Se a instituição analítica não funciona com o Discurso do Mestre, que promove a identificação, o que faz com que os corpos fiquem ligados? Eu acho que a resposta para isso é que há um modo de os corpos ficarem ligados através do que Lacan fala de como o analista e o analisante são "irmãos de discurso". Quando Lacan faz essa formulação, é para fazer oposição à segregação. Por isso eu não entendo como o discurso analítico pode ser segregativo, pois estamos todos — analista, analisante e também a instituição analítica — em uma posição de "irmãos". Há um jogo de palavras que Lacan faz: irmão, que em francês é *frère,* Lacan junta essa palavra com ferocidade e faz um neologismo: *frèrocité.* A ferocidade de uma relação especular com o irmão. Então, quando Lacan fala de "irmãos de discurso", não é ser irmãos na especularidade, não é ser irmãos na genética. Por isso Lacan vai contra a genética, nós abordamos esse tema. Nossa atualidade, contudo, é a

86

da religião da genética. Por isso estamos também falando de brancos ou de não brancos, ou seja, de cor da pele, ou seja, questões genéticas. Assim, em relação à ditadura da genética, Lacan faz a proposta de "irmãos de discurso".

Zilda Machado: Uma outra coisa... Será que você poderia falar um pouco mais sobre a questão: "será verdade que uma criança precisa de um pai e de uma mãe"? Você poderia falar um pouco sobre as funções do pai e da mãe?

Luis Izcovich: Dá para fazer um seminário inteiro sobre esse tema, mas vou resumir. Na verdade, a pergunta é: o que é uma mãe, o que é um pai? Da mãe, acho que já citei uma especificidade quando eu disse que a mãe transmite *lalíngua*. Mas o problema é que de *lalíngua*, como Lacan a propõe, um sujeito tem que servir-se de *lalíngua*. *Lalíngua* não se aprende, o que é necessário é que o sujeito aprenda a se servir dela. O pai é aquele que transmite, que faz uma transmissão de como se servir de *lalíngua*. Portanto, não tem nada a ver com o pai biológico e com a genética. A função que Lacan dá ao pai, como aquele que permite se servir de *lalíngua*, é a mesma coisa que Lacan fala do *sinthoma*, com a nova escrita do sintoma ao final de seu ensino. Isso quer dizer que o sujeito só pode se criar, fabricar para si seu sintoma, que é uma articulação de *lalíngua*. Para isso, um pai biológico pode ajudar, outra pessoa pode ajudar e, às vezes, o sujeito sozinho pode fabricar-se essa solução. Mas é algo que não se pode antecipar. Como analistas, nós tratamos do modo como cada um se serve de *lalíngua*.

Andrea Milagres: Tivemos um Encontro Interamericano dez dias atrás e seguimos aqui, na nossa Jornada também e em vários lugares no Brasil, nos perguntando sobre a questão do corpo em psicanálise. Penso que essa é uma questão que você desenvolveu muito no seu livro. E você também publicou uma conferência com esse nome, "O corpo na psicanálise", no livro que foi lançado pelos colegas de Mato Grosso do Sul. Nele, me chamou a atenção quando você se perguntou sobre a questão do corpo no final de análise, se a gente poderia por exemplo concluir uma análise online. Essa é uma pergunta que precisa ser colocada. Fico me questionando se a gente não está respondendo a esta pergunta rápido demais. Se, entusiasmados pela sustentação e pela resistência da psicanálise nesse momento pandêmico, nós não estaríamos muito apressados em responder que toda análise é possível online. Eu queria que você me ajudasse a pensar isso.

Luis Izcovich: Sim, eu posso dar minha resposta, mas eu gostaria de saber o que pensa você.

Andrea Milagres: No Encontro Interamericano, eu falei da minha experiência. Eu falei de como a minha análise não terminou online. Ela começou presencial e terminou presencial. Então, eu dei testemunho de que eu achava que isso seria impossível.

Luis Izcovich: O que é impossível?

Andrea Milagres: Terminar uma análise online. De como a dimensão do corpo me parecia importante. E toda a discussão acontecia porque estava havendo uma confusão, porque a gente não deveria confundir a presença do corpo do analista com a presença do psicanalista. Por isso, acho que é uma questão complexa e, se a gente pudesse conversar um pouco sobre isso, seria importante.

Luis Izcovich: Eu vou usar a ideia que formo para mim mesmo agora, pode ser que depois eu mude. No momento, o que eu penso, num certo sentido, é a mesma coisa que você. Eu já escrevi sobre isso, uma análise online é possível, porque é verdade, uma análise é questão de discurso. Assim, o discurso analítico pode existir também por telefone, por Skype, por WhatsApp, isso não é um problema. Mas, em minha experiência pessoal, nenhum analisante terminou sua análise online, até agora não foi possível. Por isso eu não aceito uma análise online caso não haja a possibilidade de se encontrar em algum momento. Não quer dizer que esse encontro precise ser exatamente igual como acontece com um analisante que vive na mesma cidade, mas sim que, em algum momento, é preciso se encontrar. Agora, o que me parece difícil elaborar é por que, para o final de análise, é necessária a presença do analista. Eu acho que — é o que estou pensando agora, e depois vou pensar mais — a queda do sujeito suposto saber se pode fazer online. É suficiente uma série de articulações do analisante para produzir a queda do sujeito suposto saber. Mas tem uma coisa do encontro dos corpos entre analisante e analista que não é só a questão da presença do analista, mas é a presença do corpo do analista que o sujeito tem que produzir como queda ao final de análise. É que o desejo, o analista como desejo, inclui o corpo do analista. E isso não se pode fazer online. O que acham do que estou falando? Isso é uma discussão, não?

Andrea Milagres: eu fico me perguntando, Luis, a respeito da sua resposta... Como é que a gente poderia articular essa dimensão do corpo com a separação dos objetos pulsionais?

Luis Izcovich: A separação do objeto pulsional necessita do objeto pulsional encarnado pelo corpo do analista. Por isso, vai na direção do que estou falando, de que tem necessidade do encontro do corpo, por isso tem uma dimensão da análise que é um corpo a corpo.

Katia Botelho: Eu participei do Encontro Interamericano e houve colegas que trouxeram essa questão do online, do corpo, e que mencionaram, em termos de objeto, o objeto olfativo, para mencionarem uma dimensão ausente no online. Foi muito interessante, criou-se um debate rico na hora, com muito divergência, mas vieram com essa história do olfativo também.

Luis Izcovich: Mas Lacan nunca quis falar de objeto olfativo, de jeito algum.

Kátia Botelho: Foi falado sobre isso também, mas foi mencionado com muita contundência, talvez para mencionar isso que vocês estão falando, o encarnado do objeto. E no caso do olfativo, isso fica muito evidenciado.

Andrea Milagres: Acho que a grande questão, só para terminar a minha articulação aqui, Luis, é que o que discutimos no Encontro é que o olhar, enquanto objeto pulsional, está presente no online e a gente fecha a câmera justamente para privar o analisante disso. E o que se configura como objeto mais importante, o que sustenta uma análise online, é outra dimensão do objeto, que é a voz. E que isso seria possível para que a gente pudesse terminar uma análise online.

Luis Izcovich: É verdade que o olhar pode estar ou não estar online, pois pode-se fechar a câmera e não ter o olhar. A voz está online, mas está no nível fantasmático para o analisante; para ele o Outro está fantasmaticamente. Outra coisa é que isso seja encarnado num corpo. Para mim não é a mesma coisa. Por isso, acho que, para o final de análise, é necessário encontrar o analista.

Bárbara Guatimosim: Obrigada pela conferência, Luis. Me chamou a atenção quando você disse que o impossível recua diante do avanço da ciência. A ciência avança sobre a natureza e faz o real, o impossível, recuar. Por exemplo, a lua já não é mais dos namorados, a lua é conquistada, Lacan dá esse exemplo. Eu fiquei pensando que, na psicanálise, é um pouco diferente. O impossível é irredutível. A gente não recua diante do impossível, a castração não é algo que é possível reduzir. Isso é só um comentário. Você acha que algumas instituições, alguns discursos fazem essa redução? Algumas Escolas de psicanálise? Pois me parece que algumas vezes isso acontece...

Luis Izcovich: O que fazem algumas instituições...?

Bárbara Guatimosim: Algumas instituições, algumas Escolas, porque a gente fala muito do discurso da ciência aliado ao discurso do capitalista... Você não acha que algumas instituições de psicanálise também se aliam ao discurso capitalista?

Luis Izcovich: É uma pergunta: até que ponto a instituição psicanalítica está separada do discurso capitalista? Ou: até que ponto uma instituição analítica funciona com um discurso que não seja o discurso analítico? Falamos que o discurso analítico faz objeção ao discurso capitalista e ao discurso da ciência, mas uma instituição analítica não funciona necessariamente com o discurso analítico. Então, há que se explorar, em cada caso, se o que une o grupo analítico é a identificação ou é um laço de "irmãos de discurso". Por que a gente fica junto numa instituição analítica? É uma pergunta que a gente tem que se fazer sempre: as derivas institucionais e a identificação com o Um na instituição analítica.

A ANGÚSTIA[1]

---

[1] Conferência proferida no XIV Seminário do Campo Lacaniano de Fortaleza, no dia 13 de março de 2021. Transcrição e tradução de William Zeytounlian.

COMO EU DISSE ANTES, Freud falou da angústia nos homens em relação com a performance, que a angústia nos homens tem relação com a ameaça de castração. Portanto, com uma perda que pode se produzir. Mas, tem que ver com uma perda que já se produziu. A perda que introduziu, na estrutura do sujeito, uma castração.

Como isso funciona na mulher? A proposição de Freud é a de que a angústia na mulher está mais relacionada com a perda possível do amor de seu parceiro. Essa é uma questão que também se constata na clínica: é a razão pela qual Lacan está de acordo com Kierkegaard, para quem as mulheres se angustiam mais do que os homens. Kierkegaard nos dá a razão disso. Lacan disse que está de acordo com Kierkegaard, mas não com sua razão.

Eu acho que a razão tem a ver com a proposição de Freud: a de que as mulheres são mais sensíveis à questão da perda do amor do parceiro. Não é uma pergunta masculina, se vou perder o amor. Às vezes, os homens falam disso — de forma geral, os homens que falam disso atravessam um momento de feminização. Falar da falta, que o outro pode abandonar, que se pode perder o amor, isso tem que ver mais com a posição feminina. Como isso se vê na clínica? Quando alguém não tem nenhuma razão para pensar que o parceiro pode abandonar, o sujeito feminino tem a impressão de que esse

CONFERÊNCIA LATINO-AMERICANAS

amor pode acabar a qualquer momento. Vemos então que não é a ameaça de castração, como para o homem, o que produz a angústia, mas é a ameaça da perda do objeto de amor o que constitui um perigo que é a condição determinante da angústia. Por isso eu queria falar dessa questão da angústia e a relação com a diferença de sexos, como Lacan a formula no seminário da *Angústia*.

Agora, retomo a questão de por que a análise angustia.

Eu falei que, na estruturação do sujeito, existe uma lógica que é a passagem do gozo ao desejo. Lacan escreve no seminário da *Angústia* como a angústia é certa posição mediana entre o gozo e o desejo. Esta estruturação também existe na análise. Pode-se dizer que, na análise, o sujeito que começa pelo gozo de um sintoma; depois, a análise produz uma descolagem, uma separação entre o gozo e o sintoma, e no lugar do gozo ocorre a emergência do desejo — ao final, se produz a emergência do desejo. O que a análise produz, então, é uma extração de gozo. E na medida em que acontece essa extração de gozo do sintoma, o sujeito passa a uma posição mais desejante. Essa é uma segunda referência que eu encontrei e achei importante assinalar.

Outra colocação que é importante neste seminário sobre a *Angústia* é a relação do sujeito com o tempo. A pergunta que fiz a mim mesmo é: como a análise introduz a questão do tempo quando o inconsciente não conhece o tempo, que é a tese de Freud? A tese de Freud é a de que o inconsciente não conhece o tempo. Então, como a análise leva em consideração o tempo num modo analítico, não num modo cronológico?

A ANGÚSTIA

Há a resposta de Freud, que é a de que a análise introduz o tempo com a noção de *après-coup, a posteriori*. Cada coisa tem que ser medida em relação com o *après-coup*. É *après-coup* que alguém sabe o que pôde acontecer antes. É o que acontece com a experiência traumática: uma pessoa não sabe se uma experiência é traumática até que apareça um segundo tempo, no segundo tempo se ressignifica a experiência traumática, e essa experiência traumática deixa um sintoma ou não. Há experiências que deixam sintomas e outras que não. Se uma experiência não deixa sintoma, não é uma experiência traumática. Para um sujeito, a mesma experiência terrível pode ou não produzir um trauma, caso tenha como consequência um sintoma ou não.

Então, essa estrutura temporal que está presente em Freud, como ela é retomada por Lacan? Lacan retoma a questão do tempo neste seminário, *A angústia*, e esse ponto é fundamental porque Lacan afirma que a função da angústia é a de introduzir o sujeito na dimensão do tempo. Isto é fundamental. Por quê? Porque se um sujeito que vive como se o tempo não existisse, ao aparecer a angústia, se produz uma aceleração do tempo. O tempo toma vida, muda a relação do sujeito com o tempo. Então, o sujeito que vive em um estado de suspensão, a suspensão é a relação do tempo do sujeito guiado pelo fantasma. O fantasma faz com que o sujeito fique fora do tempo. Todos os sujeitos estão fora do tempo.

Para lhes dar um exemplo: há uma clínica analítica especial, ao menos na França, de mulheres que reivindicam a liberdade de estar com o parceiro que elas querem. Daí elas

97

CONFERÊNCIA LATINO-AMERICANAS

vêm à análise, às vezes, com 35, 36, 37 anos, e falam: "eu já vivi com fulano, com beltrano, com ciclano, e agora chegou para mim o momento de constituir uma família". A angústia é muito grande. O problema é que não é a mesma coisa a angústia em relação à maternidade quando se tem 25 ou 30 anos ou quando se tem 35 ou 37 anos. Ela muda. Mudam as coisas. Em todo caso, vê-se como existe um discurso social, um discurso social que é a satisfação do sujeito neoliberal. Que é: "eu decido quando acontecem as coisas, eu vivo o que tenho que viver"... e daí vem a angústia. E pela angústia se vê bem o que introduz uma mudança na relação do sujeito com o tempo. Aquilo de que o sujeito não se deu conta durante anos, de repente ele precisa tomar em conta.

Lacan nos mostra isso como uma função da angústia ligada ao objeto *a*. O que Lacan quer dizer é que o objeto *a* é o que funciona, para o sujeito, para formar outra relação com a angústia. Nesse sentido: de que a angústia é o que prepara um sujeito para o encontro com o desejo. A angústia prepara, pois é um primeiro enodamento, um primeiro nó do desejo com a castração. Depois desse nó do desejo com a castração, isso se transforma em uma relação direta com o desejo. Portanto, a angústia se institui sobre o fundo de um tempo que é o tempo da castração. Que é um tempo lógico necessário, mas não uma referência. Uma pessoa não é capaz de encontrar um momento de referência.

Retomo a questão do tratamento da angústia. O que se vê nas análises é que a passagem da angústia ao desejo passa por uma simbolização. A angústia é uma falta de simbolização. E quanto mais o sujeito faz a associação livre, mais faz a simbolização e mais o perigo interno começa a diminuir.

Eu falei que a angústia é sempre ligada ao enigma do desejo do Outro. Tem um modo em que o sujeito evita a angústia, que é com a... em francês existe uma palavra, eu não encontrei a tradução em português, você fala para mim... é a *insouciance*... a "não preocupação".

Lia Silveira: Sim, acho que fica melhor assim. Poderia ser traduzido por "descuidado", mas não tem o mesmo sentido que "não preocupação".

Luis Izcovich: Eu também vi no dicionário que *insouciance* é "descuidado", mas não é isso que quer dizer. "Descuidado" é algo que não importa... A *insouciance* é a "não preocupação", é um sentido mais justo. Lacan fala da *insouciance,* a não preocupação é a posição que assegura evitar a angústia. É uma posição do sujeito antes da análise. É um sujeito que está na não preocupação. Esta também é mais uma razão para que a análise angustie: uma pessoa começa a análise e passa a se dar conta de que a não preocupação de uma série de coisas é, na verdade, uma razão para estar preocupado. Alguém está preocupado... uma pessoa me diz aqui que existe a "despreocupação"... Ok, deixo que vocês decidam entre a "não preocupação" e a "despreocupação". Essa é posição subjetiva daquele que não leva em consideração o que constitui a essência do desejo. Portanto, na medida em que um sujeito entra em análise, conforme muda a bússola e o ponto de referência, ele já não está mais despreocupado. Eis porque a análise é uma experiência que produz a angústia.

Quero fazer um desenvolvimento com o tempo que ainda me resta.

Outro ponto que ainda me parece importante, não quero terminar sem falar disso, é o que eu falei em algum momento, concerne à relação da angústia com as estruturas clínicas. Lacan fez com a angústia uma operação que pode ser chamada de uma "operação de limpeza". O que quero dizer com isso? É que Lacan tirou da angústia todos os adjetivos, toda a adjetivação. Por exemplo: não existe em Lacan a "angústia aguda" ou a "angústia crônica". Não existe a "angústia forte" ou "pouco forte". Existe a angústia. Esse é um modo especial de tratar a angústia, pois toda a escola anglo-saxã de psicanálise falou da existência de uma angústia "pouco intensa", que é a angústia neurótica, e uma angústia "muito intensa", que é a angústia psicótica. Falam em termos de intensidade... Lacan sacou tudo isso. Lacan fala de uma *estrutura* da angústia.

Agora, a questão que coloquei a mim mesmo, e que trago para vocês pensarem, é: acho que houve uma "despreocupação" — para utilizar o termo que me propus —, houve uma "não preocupação" dos analistas, depois de Lacan, ao falarem da angústia em sua relação com as estruturas clínicas. O que quero dizer com isso? Se alguém assume que a angústia é a relação com o enigma do desejo do Outro, como falar, por exemplo, do que acontece com o esquizofrênico, que não tem um Outro? Como, ao

A ANGÚSTIA

falar de um melancólico, pode-se falar da angústia? Finalmente, terceira pergunta: Lacan, seguindo Freud, fala da angústia como "angústia de castração" que condiciona a emergência do recalque. Pois bem, se alguém fala disso, tem que considerar que essa estrutura se aplica unicamente à neurose. Não se pode aplicar às psicoses. Daí, a pergunta que tem que ser feita é: como designar esse afeto na psicose?

Então, eu fui ver o que Lacan falou no seminário dedicado às psicoses, na "Questão preliminar...", bem como o que ele falou depois. E... ele nunca fala sobre a angústia nas psicoses. Ele não usa o termo "angústia". O que Lacan fala? O que Lacan fala nos *Escritos*? Ele fala, por exemplo, de uma "significação enigmática" na psicose[2]. Em seguida ele diz que essa "significação" é um vazio enigmático e depois vêm os significantes que trazem uma certeza que é proporcional ao enigma inicial. Assim, existe uma certeza na psicose, mas é uma certeza do lado de uma significação. Não é a certeza da angústia. Aí, em nenhum momento, que é o momento de desencadeamento de uma psicose, Lacan fala da angústia. Isso me preocupou, a ausência desse significante.

Daí eu fui olhar em Freud, e Freud não fala em nenhum momento de angústia nas psicoses. A não ser

---

[2] LACAN, Jacques. (1959) "De uma questão preliminar a todo tratamento possível das psicoses". In: *Escritos*. Trad. Vera Ribeiro. Rio de Janeiro: Zahar, 1998, p. 545.

num momento, eu vou dizer qual. No caso Schreber, Freud fala de horror, mas não fala em nenhum momento que Schreber está com angústia. Há também um momento em que se produz a emergência da experiência persecutória. Lacan, quando se refere a esse momento de desencadeamento das psicoses, fala em termos de "perplexidade[3]". Então, eu acho que o termo "perplexidade" ou "horror" são significantes que designam a experiência subjetiva enigmática da psicose que dá conta de um papel mais preciso do que seria a utilização do termo angústia, pois a angústia implica sempre a existência do Outro.

Eu tenho a tendência a pensar que a angústia teria que ser reservada às neuroses. Há quem assinale a angústia nas psicoses, mas não é exatamente o que Lacan chama de fenômeno da angústia. Na psicose, ou existe a perplexidade ou a certeza, é o significante no real. Lacan disse: o significante no real está no lugar do "objeto indizível[4]". Nesse caso, o objeto indizível, que poderia ser o objeto de angústia, não se apresenta como angústia, se apresenta como significante no real.

O mesmo vale para o esquizofrênico. Quando se utiliza a expressão, como se falou antes, a angústia é "falta da falta", a falta da falta, o esquizofrênico não a tem, pois ele não tem falta. Lacan dá uma definição da esquizofrenia... ele tem poucas definições da esquizofrenia... mas

---

[3] *Idem*, p. 541.
[4] *Idem, ibidem.*

A ANGÚSTIA

no seminário sobre a angústia há uma definição sobre a esquizofrenia. Em francês, Lacan diz que a esquizofrenia é *"le manque de soi"*, a "falta de si[5]". O que é a falta de si? Se vê bem que não é "falta da falta". Falta de si é não poder contar com os recursos necessários para suportar-se na existência. É não poder fazer frente ao que acontece na vida. Não ter os meios, não ter os recursos. Isso é a "falta de si", é outra coisa, muito diferente da "falta da falta". Isso chama atenção, pois quando o esquizofrênico utiliza a expressão "sou angustiado, estou angustiado", na verdade me pareceria mais conveniente fazermos referência à "perplexidade". O que é a perplexidade? É que todo mundo lhe é um enigma. Não se trata do enigma do desejo do Outro. É o mundo que é enigmático, a falta de si é que me falta o manual de instruções — quando se compra uma televisão, ela vem com um manual de instruções... O sujeito não tem um manual de instruções para decifrar o mundo. Isso é a falta de si.

Finalmente, há ainda outro termo que aparece nos *Escritos* em relação às psicoses. É o termo "pânico[6]". O termo "pânico", por que Lacan o utiliza tão pouco em seus *Escritos*, e só o utiliza naqueles sobre as psicoses? Porque o pânico é uma experiência com efeito especial, um afeto que

---

[5] LACAN, Jacques. (1962-1963) *O Seminário, livro 10: A angústia.* Trad. Vera Ribeiro. Rio de Janeiro: Zahar, 2005, p. 132-133.

[6] LACAN, Jacques. (1959) "De uma questão preliminar a todo tratamento possível das psicoses". In: *Escritos*. Trad. Vera Ribeiro. Rio de Janeiro: Zahar, 1998, p. 554 e 570.

se manifesta no sujeito sem relação com o desejo do Outro. É uma experiência de desordem subjetiva na qual o sujeito não tem nenhum significante com o qual se amarrar.

Outro termo de Lacan: de tudo o que acontece com Schreber, ele não fala de angústia, fala de "confusão ansiosa[7]". Ele poderia ter falado de angústia. Não. Ele fala de "confusão ansiosa", que é um modo pelo qual o sujeito está perdido sem significante, o que tem a ver com o pânico, ele não sabe o que tomar como ponto de referência.

Vou terminar com uma última referência. No seminário sobre a angústia, quando Lacan diz que a angústia é a única tradução subjetiva do objeto *a*, isso tem a ver com a certeza[8]. Quando ele diz "única tradução subjetiva do objeto *a*", também tem a ver com a certeza. Isso quer dizer que, quando o analista se confronta com um sujeito que está em angústia, ele tem nisso uma indicação de qual é a relação do sujeito com o desejo. Porque "tradução subjetiva do objeto *a*" dá uma bússola de onde está o desejo do sujeito. Nesse sentido, isso tem a ver com "o único afeto que não engana", não engana quanto a qual é a direção do desejo do sujeito.

Última reflexão em relação às psicoses. Lacan utiliza a expressão: na psicose o sujeito é "*dépossédé*", "não possuído"? Como se diz?

---

[7] *Idem,* p. 572.

[8] LACAN, Jacques.(1962-1963) *O Seminário, livro 10: A angústia.* Trad. Vera Ribeiro. Rio de Janeiro: Zahar, 2005, p. 113.

A ANGÚSTIA

Do público: "Despossuído".

Luis Izcovich: "Despossuído" da relação com o Outro. Há então esse sentimento, o sentimento de falta da possessão. Em seguida, Lacan fala de "despersonalização". Assim, a despersonalização também é um termo que tem a ver com a experiência pela qual o sujeito perde a referência, o que não é a mesma coisa que a angústia.

Fico por aqui, assim temos algum tempo para um intercâmbio.

Lia Silveira: Ok, obrigada Izcovich. Enquanto as pessoas se organizam para fazer suas questões, eu gostaria de falar o que me ocorreu, que é: você escolheu falar da angústia na psicose, mas outras palavras apareceram, outros significantes, apareceram os *Escritos*. Eu queria perguntar se você observa nas elaborações do Lacan a partir do nó borromeano alguma mudança em relação a isso que você trouxe ou se isso se mantém. Se eu puder só completar: eu queria saber se você percebe alguma mudança em relação ao que se pode esperar da clínica com o psicótico a partir dessa leitura que o Lacan vai trazer nos seminários mais ao final do ensino.

Luis Izcovich: Sim, com certeza tem uma mudança. Não vou poder desenvolver agora, mas a mudança fundamental está no termo "suplência". A suplência, no último Lacan, é uma estrutura no sujeito que permite evitar o desencadeamento, é o que permite que o Imaginário, o Simbólico e o Real... em francês se diz, *"tiennent ensemble"*, "possam ficar juntos"...

Lia Silveira: ...manter juntos...

105

CONFERÊNCIA LATINO-AMERICANAS

Luis Izcovich: É o que pode "manter juntos". E tem uma vez, uma vez que Lacan falou de algo que chamou de uma "suplência pela angústia". Eu fiquei surpreso com o que quer dizer "uma suplência com a angústia". Lacan fala de "nominação da angústia", a "nominação do Real com a angústia". Daí perguntei a mim mesmo: o que quer dizer uma nominação do Real com a angústia? A explicação que eu dou a mim mesmo é: há sujeitos cujas psicoses não se desencadeiam, eles falam de um modo recorrente de angústia, que não é a mesma coisa que a angústia neurótica, e ao mesmo tempo não desencadeiam a psicose. Ou seja, é uma posição na existência na qual falam de si mesmos "estou angustiado, estou angustiado, estou angustiado" e, ao mesmo tempo, não têm uma elaboração subsequente — só há angústia. Essa angústia tem a ver ao mesmo tempo com o que Lacan falou da certeza da angústia, tem a ver com o sujeito encontrar na angústia o que dá uma certeza de seu ser como sujeito. Para eles, isto é suficiente para estar no mundo. É isso o que entendo como uma suplência com a angústia. Haveria mais coisas para dizer sobre a clínica borromeana das psicoses...

Do público: Eu queria só de comentar duas coisas, uma pergunta e mais um comentário. Na sua fala, Izcovich, você menciona aquilo que é do homem e o que é da mulher, como o homem vivencia a angústia, como a mulher vivencia a angústia. Eu estava discutindo num grupo de leitura sobre um texto do Freud a respeito da histeria, a gente

A ANGÚSTIA

ficou questionando, pensando nessa atual conjuntura, que a fibromialgia é tida como uma nova forma de histeria, que pode ser interpretada dessa forma. Sem generalizar, a gente começou a se perguntar por que as mulheres têm mais fibromialgia — quem tem mais fibromialgia sempre são as mulheres —, é difícil ver um homem como fibromialgia. A gente fala "homem" e "mulher", mas a gente está falando de posição, "posição masculina" e "posição feminina" na sexuação.

Eu fiquei pensando, ouvindo o que a Lia acabou de falar: a gente trabalhou uma pesquisa sobre os benzodiazepínicos há alguns anos no doutorado, uma pesquisa que nos motivou muito, que dizia que "os homens vão atrás da cachaça" e "as mulheres vão atrás dos benzodiazepínicos" por causa da dor. As mulheres sentem mais a dor, os homens vão para os bares, vão ficar medindo poder fálico. Eu fiquei pensando nessas questões, de como é para o homem e como é para a mulher. Fiquei pensando nessa expressão de performance de que você falou, se ela poderia ser relacionada com essa questão do poder, do homem que mede se ele tem uma performance boa no sexo para agradar a mulher.

Já a segunda pergunta tem a ver com a psicose. Eu fiquei pensando na foraclusão, pensando nessa coisa de a angústia ser justamente quando essa experiência é no limite do corpo. Na psicose, a foraclusão é quando se perde esse corpo, esse corpo se esfacela todinho. Fiquei pensando nessa desorganização.

107

CONFERÊNCIA LATINO-AMERICANAS

Luis Izcovich: Sim, a desorganização do corpo é o que eu falei com a fragmentação do corpo que parte em pedaços, o sujeito que tem a impressão de que não só perde a unidade, mas de que o corpo parte em pedaços. Não só se rasga o véu, mas não tem nada que sustente o corpo.

Você perguntou sobre a relação das mulheres e dos homens com os objetos de consumo. É verdade que os homens estão mais do lado de consumo do álcool pois ele suprime a inibição, tem um efeito de desinibição. As mulheres não buscam a desinibição. O que elas buscam é uma posição mais ligada a encontrar o ser. Qual é o ser feminino? O homem não se pergunta sobre o que é o ser masculino. Numa análise, também os homens se perguntam o que é ser homem. Sobre a questão da fibromialgia, eu entendo assim: tem mais mulheres com fibromialgia, pois as mulheres têm uma relação com a falta mais importante do que os homens. Ou seja: as mulheres se identificam com a falta. E a fibromialgia é um significante de nossa época, um modo de identificar-se com a falta. Mas é um modo não subjetivo, não sou eu que estou em falta, tenho fibromialgia. Eu tenho um problema de saúde. É um modo de não se responsabilizar pela falta.

Do público: Olá, Luis. Bom dia, obrigada pela sua fala, é sempre um prazer te escutar. É rapidinho. Eu queria só um comentário sobre o que você falou sobre a análise promovendo a passagem do gozo ao desejo. Eu queria que você a comentasse e articulasse com aquela frase do Lacan segundo a qual "o amor é o que permite ao gozo condescender ao desejo". Só isso.

108

A ANGÚSTIA

Luis Izcovich: Sim, tem a ver pois a análise tem uma experiência de transferência. E a transferência é o amor que se dirige ao saber. Dessa forma, é na medida em que há amor de transferência que é possível que um sujeito deixe cair seu sintoma para passar a uma posição de desejo. Então, "o amor é o que permite ao gozo condescender com o desejo" tem que ver com o amor de transferência. Em seguida, vem a questão da angústia entre gozo e desejo. Como eu falei, é na medida em que se desprende o gozo do sintoma que a angústia aparece. Depois vem a pergunta pelo desejo do Outro, a pergunta pelo sintoma. Essa é a condição de passar, de aceder a um desejo.

Do público: Luis, muito obrigada por estar aqui. A minha pergunta é porque você citou o "Pequeno discurso aos psiquiatras", lá no começo da manhã. Eu lembro que ali Lacan está falando para os psiquiatras, para os estudantes do Hospital Sainte-Anne, e ele fala assim: "vocês ficam angustiados diante do louco porque o louco", ele diz, "é o homem livre". Ele não diz "é *um* homem livre". Ele diz "é *o* homem livre". Daí, depois de tudo isso que você falou hoje, colocando a angústia do lado da neurose, eu fiquei assim me perguntando, ele é livre...? Porque a princípio é muito romântica essa frase, "o louco é o homem livre". Mas então, ele é livre da angústia? É isso, é por aí?

Luis Izcovich: Não, ele é livre porque ele não está amarrado, tem a ver com a amarração. A estrutura neurótica, com a experiência de castração, introduz um limite. Tem uma estrutura de mundo na qual tem coisas que se pode e coisas que não se podem. A castração introduz um limite. O sujeito que não está confrontado com a castração, como falei antes, dá num sujeito à deriva, não amarrado, no qual tudo é possível. O sujeito livre é o sujeito que acha que tudo é possível.

Do público: Ele não está amarrado por conta da situação da castração...

Luis Izcovich: Sim.

Raíssa Dantas: Quero perguntar sobre o que você falou da diferença, se gente pode falar assim, a angústia em relação com a diferença sexual. A angústia do homem seria a angústia de castração. Depois, você fala que a queixa da mulher em relação a seu parceiro é que "ele não me fala o suficiente", essa é sua queixa, é a angústia pela perda do parceiro. Será que a gente não pode pensar numa angústia de castração em relação a ela ser o falo? Uma angústia em relação ao amor, não seria isso?

Lia Silveira: A pergunta da Raíssa é no sentido de se a perda do falo não seria uma angústia de castração...

Luis Izcovich: O que acontece com a mulher? A mulher não tem o medo de perder o órgão sexual. Esse é o medo do homem. Porque já tem uma simbolização sobre a falta. Então, esse medo ela não tem, não tem o medo da performance. O que você tem razão em recordar é que tem uma angústia na mulher que é a de não ser mais o falo do outro. Porque esse é o medo do abandono, a perda do amor do parceiro. É que, se o parceiro a abandona, ela não é mais o falo do homem. Nesse caso, não é o medo de *perder* o falo — é o medo de *não ser* o falo.

A ANGÚSTIA

Do público: É que eu lembrei da personagem de Camille Claudel como a verdadeira personagem de mulher. É o que ela clama, ela reconhece que tem um perigo ali se esse homem a abandona. "Não me deixe", é o que ela diz ao marido. Mas é isso, não é o medo de perder o falo, é o medo de não ser o falo.

Luis Izcovich: Sim, medo de não ser o falo. É o que se percebe cada vez que acontece uma separação entre um homem e uma mulher, a depressão da mulher depois da separação é a de se dar conta de que ela não é mais o falo do homem.

Lia Silveira: O Francisco Paiva está aí?

Francisco Paiva: Bom dia. A gente ficou se perguntando aqui nos comentários sobre a tradução de "preocupação", de "não preocupação". Aqui no Ceará a gente tem uma expressão que é "aperreio". Talvez, se o Lacan fosse cearense, o seminário 10 se chamaria *O aperreio*. Enfim, é só um breve comentário.

Izcovich: Que interessante!

Este livro foi impresso em novembro de 2024
pela Gráfica Paym para Aller Editora.
A fonte usada no miolo é Garamond Premier Pro corpo 12.
O papel do miolo é Pólen Natural 80 g/m².